INHALT

Liebe Leserinnen und Leser,
ein wichtiger Merkposten der ÖRK-Vollversammlung in Busan im Oktober/November 2013 ist die Entgegennahme der neuen Missionserklärung des ÖRK, die nach Erarbeitung durch die Kommission für Weltmission und Evangelisation (CWME) vom Zentralausschuss im September 2012 verabschiedet worden war. Together Towards Life / Gemeinsam für das Leben – der Titel zeigt an, dass hier auf die neueren Bemühungen um eine Theologie des Lebens und die Denkprozesse um ein »gutes Leben« und »Leben in seiner Fülle« Bezug genommen werden soll. Auch die Einbettung in pneumatologisches Denken ist ein Anspruch der Erklärung, die allerdings darunter leidet, dass viele im ÖRK vertretene theologische Strömungen sich in ihr wiederfinden wollten und dadurch über der theologischen Multidimensionalität die Prägnanz an vielen Stellen verloren ging. Dies ist ein Schicksal, das dieser Text mit vielen konsensusbedürftigen Texten teilt, und zugleich eine Frage an zukünftige Unternehmungen dieser Art. Michael Biehl, der schon bei früheren Gelegenheiten unser »Konferenzbeobachter« war (Edinburgh 2010, Kingston Town 2011), hat seine Erfahrungen in Busan einschließlich derer mit der Missionserklärung in einem hochinteressanten Bericht (Rubrik »Berichte und Dokumentationen«) zusammengefasst und zugleich einige kritische Ausblicke zur gegenwärtigen und zukünftigen Befindlichkeit der Genfer Ökumene gewagt.

Theodor Ahrens blickt aus Anlass der Frage nach dem interkulturellen Verstehen und ausgehend von Theo Sundermeiers Hermeneutik des Fremden auf den alten klassischen Entwurf von Bronislaw Malinowski zur teilnehmenden Beobachtung und schlägt die Brücke über Laura Bohannan vom (distanziert) Forschungswilligen zum in der anderen Kultur Lebenswilligen – gemeinsam ist ihnen die Anstrengung des Verstehens und das Problem des Vorkommens des eigenen Ich.

Markus Roser geht der höchst brisanten Thematik des Proselytismus zwischen drei Kirchen der Zentralafrikanischen Republik nach, dessen Nutznießerin die dortige Lutherische Kirche ist.

Jobst Reller wirft auf der Grundlage von syrischsprachigen Quellen (syrischer Kirchenvater Michael I., 12. Jahrhundert, Mose bar Kepha, 9. Jahrhundert u.a.)

einen neuen Blick auf die Frage der Beziehungen der Religionsgruppen im damaligen Syrien, und ob hier möglicherweise mit Begriffen wie dialogisch und Toleranz gearbeitet werden könne.

Johannes Reimer beobachtet, dass es in der letzten Zeit einen deutlichen Rückgang der Beteiligung an protestantischen Gottesdiensten in den Ländern der früheren Sowjetunion gibt. Sofern dies am Fehlen einer nachhaltigen eigenständigen russischen Theologie und Missionstheologie liegen sollte, scheinen ihm doch Potentiale zu einer solchen bei russischen Denkern vorzuliegen, die in seinem Aufsatz entfaltet werden.

In dieser Ausgabe machen wir wieder Gebrauch von der Rubrik »Kritisches Forum«, die diesmal dazu dient, zwei Autoren (Heinrich Balz und Ulrich Dehn) mit zwei unterschiedlichen Meinungen zum Begriff der »Jungen Kirchen« zu Wort kommen zu lassen.

Nach diesem Strauß von Erträgen aus sehr unterschiedlichen wissenschaftlichen Kontexten wird die nächste Ausgabe der Interkulturellen Theologie die Vorträge von der gleichnamigen Tagung der Deutschen Gesellschaft für Missionswissenschaft in Hofgeismar vom September 2013 enthalten.

Wir wünschen Ihnen viel Freude und zahlreiche Anregungen bei der Lektüre des Heftes.

Im Namen der ganzen Schriftleitung grüßt herzlich

Ulrich Dehn

Geschmackssachen – Beobachtungen zu Apostelgeschichte 10

Benedict Schubert

Ein kreativer und zugleich etwas respektloser pfingstlicher Kommentator bezeichnete Paulus einmal als »Notmaßnahme« Gottes. Eigentlich habe Jesus denen, die ihm schon vor der Kreuzigung nachgefolgt waren, den Auftrag gegeben, die Grenzen des ihnen Vertrauten und Bekannten zu überschreiten, um das Evangelium bis an die »Enden der Erde« (Apg 1,8) zu bringen. Dazu habe er ihnen ja auch die Kraft des Heiligen Geistes nicht nur zugesagt; genau für diese Mission seien sie an Pfingsten damit ausgerüstet worden. Allerdings hätten sie sich dann doch nicht von der Stelle bewegt und seien in Jerusalem sitzen geblieben. Also habe Gott in Saulus einen gesucht und gefunden, der so mutig und stur gewesen sei, dass keine Gefahr bestanden habe, seine Bekehrung zum Paulus würde seine Dynamik allzu sehr dämpfen.

Der Bericht von der Begegnung des Saulus mit dem Auferstandenen und der Bericht von der Bekehrung des Petrus als Folge der beiden Visionen, die ihn und den Hauptmann Kornelius zusammenbringen, bilden ein wichtiges Scharnier im Gesamten der Apostelgeschichte. Während sie bis dorthin vom ursprünglichen Jüngerkreis bestimmt war, übernimmt ab hier Paulus eine dominierende Rolle. Auf seinen »Missionsreisen« geschieht nun, was der Auferstandene vor seiner Himmelfahrt angekündigt hatte: am Ende wird Paulus im Zentrum des Imperiums »mit allem Freimut ungehindert« predigen (Apg 28,31).

Kapitel 10 mit der berühmten Vision einer kulinarischen Zumutung an Petrus macht in sehr anschaulicher Weise deutlich, wie gross der innere Widerstand war, den auch die Urgemeinde zu überwinden hatte, als es darum ging, dem Evangelium freien Lauf zu lassen und eher den Bewegungen des Geistes zu folgen als theologisch und dogmatisch gut abgesicherte eigene Ausbreitungsstrategien zu verfolgen, die oft genug eigentlich Abgrenzungsstrategien sind.

Die Begegnungsgeschichte zwischen Kornelius und Petrus erfüllt sich darin, dass Kornelius mit seinem ganzen Haus durch die Taufe (10,44.48) – in Geist und Wasser (ob Jo 3,5 als Parallele gelesen werden darf?) – in die Gemeinschaft der Christusgläubigen aufgenommen wurde. Sie setzt ein mit einer Vision, die Kornelius hat. Er wird beschrieben als einer, der interessiert ist an der Weisung des Ewigen und sie in seiner persönlichen Lebensführung umsetzt. Ihm begegnet zuerst ein Bote Gottes, der ihm ankündigt, dass und wie er in Kontakt treten kann mit der Gemeinde, die sich im Namen Jesu gebildet hat.

Die neunte Stunde, zu der Kornelius seine Vision hat, ist die Zeit nach Mittagspause und Siesta, wenn der Mittagsdämon wieder von einem ablässt, der einen nach dem Essen plagt. Die »Akedia« lässt einen träge werden und droht mit der Hoffnungslosigkeit. Doch um die neunte Stunde lässt sie von einem ab, und man kann gesättigt und gestärkt die zweite Hälfte des Tagewerks angehen. Die neunte Stunde ist aber auch die Todesstunde Jesu, der Moment, in dem die Erde bebt, der Himmel sich verfinstert, aber zugleich die Ketten springen und der Tod durch den Tod besiegt wird.

Damit Kornelius tatsächlichen Zugang zur Gemeinschaft findet, muss allerdings auf der anderen Seite massiver Widerstand abgebaut werden. Die Vision lässt uns als Leser mitfühlen: es ging nicht bloss darum, eine theologische Meinung zu revidieren. Es ging darum, eine vom Verstand nur bedingt steuerbare Abscheu zu überwinden.

Wer Gelegenheit hatte, in sehr fremde Länder zu reisen, wird die Erfahrung kennen, dass einem etwas zum Essen angeboten wird, was schon vorher nicht besonders vertrauenerweckend aussieht. Man nimmt grad so viel, wie die Höflichkeit gebietet, und sagt sich, dass die Gastgeber das ja auch essen und sogar gut mögen, und einen vermutlich nicht vergiften wollen. Doch wenn man es im Mund hat, auf der Zunge spürt, dann ist einem der Geschmack so zuwider, dass man sich zwingen muss, es herunterzuschlucken; nur mit Mühe kann man den Brechreiz unterdrücken.

Petrus war kein verschleckter Bub. Die Vision zur Mittagszeit diente nicht dazu nachzuholen, was die allzu nachgiebigen Eltern versäumt hatten, weil sie das kleine Peterli zu sehr verwöhnten. Die elementare Erfahrung, dass Gott selbst ihm in einem Tuch Speisen anbot, vor denen es ihn schauderte, sollte Petrus die Augen öffnen für einen entscheidenden Grundsatz des Evangeliums: etliche Grenzen, von denen er überzeugt war, Gott habe sie gesetzt, sind tatsächlich nur kulturelle Grenzen. Sie haben eine sinnvolle Funktion, indem sie einer

Identität klarere Konturen geben. Wenn es jedoch darum geht, im Fremden den Bruder zu erkennen, die Schwester in der befremdlich Anderen, dann müssen sie überwunden werden – auch wenn es dann zunächst gilt, sich selbst zu überwinden.

Petrus schaut sein Traumgesicht um die sechste Stunde. Er hat Hunger und bestellt ein Mittagessen. Er spürt sich als Mensch mit seinen vitalsten Bedürfnissen. In dem Moment und in dieser Verfassung weitet Gott seinen Horizont, und Petrus kann über das hinaus sehen, was er bisher wahrgenommen hatte. Während Kornelius also seine Vision im Moment der Erfüllung hat und des Neuanfangs, sieht Petrus das Tuch mit der kulinarischen Zumutung im Moment der Leere, als Versprechen, dass sein Leben von nun an noch in ganz anderer Weise bereichert und gesättigt wird als mit einer galiläisch-gutbürgerlichen Suppe zum Mittagessen.

Die bleibende Aktualität des großartigen Berichts sehe ich vor allem in zwei Elementen: Spaltungen und Grenzziehungen werden im Bereich des Glaubens gerne und mit Nachdruck theologisch begründet. Im Text finden sich dazu zwei warnende Signale: zum einen die Himmelsstimme, die Petrus verbietet, für unrein zu erklären, was Gott selbst für rein erklärt habe (10,15). Zum anderen die konsequente Selbstbescheidung von Petrus gegenüber Kornelius: Ich bin auch nur ein Mensch (10,26). Es ist nicht die einzige Stelle in der Apostelgeschichte, in der die Überlieferung des Gottesvolks kritisch ausgelegt wird und »bescheiden« in dem Sinn, dass nicht für sämtliche Weisungen universelle göttliche Autorität beansprucht wird. Eben: was eine theologisch begründete Grenze war, wird zur kulturellen Eigenheit, damit zu einem nur relativ gültigen Merkmal von Identität. Dadurch wird der Weg frei zu erkennen und anzuerkennen, dass *Gott die Person nicht ansieht; sondern in jedem Volk, wer ihn fürchtet und recht tut, der ist ihm angenehm* (10,34f).

Das andere bleibend wichtige Element besteht darin, dass die Erzählung klar macht, wie gross der Aufwand ist, bis Grenzen zum anderen überwunden werden können. Das amerikanische Forscherpaar Janet & Milton Bennett haben in ihren Arbeiten zur interkulturellen Kommunikation wichtige Beobachtungen gemacht. Die Bennetts haben festgestellt, dass interkulturelle Kompetenz nicht einfach erlernt werden kann, sondern eingeübt werden muss und sich in einem Reifungsprozess entwickelt, der nicht beliebig beschleunigt werden kann. Ihr Schema, das sechs Stufen der interkulturellen Kompetenz unterscheidet, von denen die ersten drei »ethnozentrisch« und erst die nächsten drei dann »ethnorelativ« seien, kann vermutlich infrage gestellt werden. Einleuchtend – und durch die

Vision des Petrus grandios illustriert – ist indessen, dass eine unmittelbare, nicht reflektierte Abwehr dessen, was eben »befremdet«, so leicht oder eben so schwer zu überwinden ist wie die Abscheu vor Speisen, die einem widerstehen. Beispiele dafür aus der Geschichte der Ausbreitung des Christentums finden sich leicht und zu allen Zeiten. Apostelgeschichte 10 bleibt eine heilsame Lektüre, damit wir Geschmacksfragen, die im Blick auf die je eigene Identität gestellt und unterschiedlich beantwortet werde dürfen, nicht überbewerten und den status confessionis ausrufen, wo wir zwar an einem Punkt stehen, aber einen Sachverhalt durchaus auch ganz anders einschätzen und beurteilen könnten.

Probleme des Verstehens über kulturelle ›Grenzen‹ hinweg

Vier erfahrungsnahe Schlaglichter

Theodor Ahrens

> Das Fremde zu schauen hindert die Fremdheit,
> das Vertraute zu erkennen, verwehrt
> die Vertrautheit.
> (Hugo von Hofmannsthal)*

Kulturelle Grenzen?

›Verstehen wir uns richtig?‹, fragen wir einander gelegentlich – auch wenn wir Sprache, Konventionen und Plausibilitätsannahmen des gleichen Milieus miteinander teilen. Im Raume steht eben immer die Möglichkeit eines Missverständnisses. Sogar im Blick auf die eigene Person versteht sich das Verstehen keineswegs von selbst. Paulus schreibt: ›denn nicht das Gute, das ich will, tue ich, sondern das Böse, das ich nicht will, das führe ich aus‹ (Röm. 7,19). Es zeigt sich – vielleicht befremdlicherweise – das Andere des eigenen Selbstbildes, das als Fremdes in uns auf andere projiziert vordergründig Entlastung versprechen mag, tatsächlich jedoch nur zu weiterer Entfremdung anderen gegenüber führen dürfte.[1] Mit derartigen Erfahrungen sind wir ständig konfrontiert. Geht es nun um ein Verstehen über kulturelle ›Grenzen‹ hinweg, dann ist das noch viel öfter der Fall.

* Hugo von Hofmannsthal, Aufzeichnungen, Frankfurt/M. 1959, 43.

1 Julia Kristeva, Fremde sind wir uns selbst, Frankfurt/M. 1999, 199.

Wie steht es mit kulturellen Grenzen? Im Studium kleiner, überschaubarer Gesellschaften, die das Bild einer gewissen Homogenität herzugeben schienen, hat die Ethnologie versucht, die Idee von Kulturen als relativ abgegrenzten Ganzheiten zu untermauern.[2] Andere Gesellschaften werden in ihrer Besonderheit ins Auge gefasst. Der ethnologische Beitrag zum Verstehen des Fremden konkretisiert sich am Begriff der Kultur und an der Methode, sie zu erschließen. Kulturen liefern so etwas wie überindividuelle Prägestempel. So gesehen dient das Studium anderer Kulturen auch der Klärung des eigenen Selbstverständnisses, und doch richtet sich das Leitinteresse der Ethnologie bzw. Kulturanthropologie als der »Wissenschaft vom kulturell Fremden«[3] auf das gemeinsam Menschliche in seiner kulturellen Verschiedenheit. Die Vorstellung, dass es ›Grenzen‹ zwischen den Kulturen gibt, muss relativiert werden.

Deutlicher als früher sehen wir heute, dass kulturelle Grenzen, falls es sie gibt, durchlässig sind. William McNeill weist im Vorwort zur Neuauflage seines Opus Magnum *The Rise of the West* darauf hin, dass es schon seit Jahrtausenden ökonomische, kulturelle und religiöse Tauschvorgänge – sozusagen ›ökumenische Prozesse‹ – zwischen den zivilisatorischen Großräumen gegeben hat, etwa zwischen Griechenland und Ägypten, zwischen China, Indien und dem Römischen Reich etc. Was andere haben und können, bildete und bildet – noch vor jedem genaueren Kennenlernen – einen ersten, mächtigen Impuls für ökonomischen und ideellen Austausch, ohne in eine kulturelle Homogenisierung zu münden.[4]

Kulturelle ›Grenzen‹ sind mehr oder weniger offen und kultureller Austausch mehr denn je Teil unserer Alltagswelt – und doch gibt es so etwas wie kulturell geprägte Räume, Milieus und Mentalitäten mit einem eigenen Grenzbewusstsein. Faktoren, die zur Aufrechterhaltung eines kulturellen Milieus beitragen, sind: die Eigenart der lokal gesprochenen Sprachen, ein literarischer Kanon oder in präliteraten Gesellschaften eine mythische Tradition, sodann Eliten/Meinungsmacher, die diese Traditionen kontinuierlich interpretieren, und schließlich ein Kommunikationsprozess, der innerhalb dieses Raumes Nachrichten und Ver-

[2] Mit der Vorstellung von Kulturen als Gesamtheit und damit auch kultureller Grenzen hat E. B. Tylor die weitere Forschung beeinflusst. In seinem Buch »Primitive Culture« (1871) hat er Kultur als eine *Gesamtheit* von Kenntnissen, Überzeugungen, Künsten, moralischen und rechtlichen Grundsätzen und »any other capabilities and habits acquired by man as a member of society« verstanden (zitiert nach D. Sabbatucci, HbrG I, 51), die sich von anderen kulturellen Gesamtheiten unterscheiden lässt.

[3] Karl-Heinz Kohl, Ethnologie – Die Wissenschaft vom kulturell Fremden. Eine Einführung, München 1993, 11ff., 26.

[4] William McNeill, The Rise of the West. A History of the Human Community, Chicago 1991 (1963), XV-XXX.

schiebungen von Sinnvorgaben in die Teilgruppen dieses Milieus vermittelt und so zu deren Zusammenhalt beiträgt.[5] Wir stellen uns Kulturen also nicht mehr als einigermaßen geschlossene, abgegrenzte Identitäten vor, sondern eher wie offene Systeme, zwischen denen Güter und Ideen getauscht werden. Kulturelle Sesshaftigkeiten sind in Fluss gekommen und kulturelle Collage wird zum Lebensstil.[6] Gleichzeitig fahren wir fort, die Anderen, die mittlerweile im gleichen Häuserblock oder im nächsten Stadtviertel angekommen sind, durch die Brille der eigenen kulturellen Prägung zu sehen. Kulturelle Unterschiede und kulturelle Tauschvorgänge lassen sich beobachten, beschreiben und analysieren: ›Kulturelle Grenzen‹ werden auf der Ebene der Vorstellungswelt konstruiert.[7] Lässt sich die standortbedingte Wahrnehmung – etwa im Interesse eines angemessenen Verstehens – unterlaufen oder gar stilllegen?

Theo Sundermeier hat in seiner Hermeneutik des Fremden die These vertreten, dass dies ebenso unabdingbar notwendig wie auch möglich ist. Sundermeier zufolge gilt es, die narzisstische Selbstreflexivität des Beobachters zu überwinden,[8] das Ich des Interpreten zu entmachten, um zu einem konvivialen Miteinander zu gelangen, das alle Versuche hinter sich gelassen hat, die Anderen als Mittel der eigenen Identitätsfindung zu vereinnahmen.[9]

Sundermeiers Entwurf ist anderweitig aus psychoanalytischer und systematischer Sicht ausführlich gewürdigt und kritisch erörtert worden.[10] Mir kommt es im Folgenden nur auf eben diesen einen Punkt an. Wie steht es um die Möglichkeiten des Beobachters, das Ich des Interpreten zu »entmachten«? Für Sundermeier geht es dabei um den »Kern« seiner xenologischen Hermeneutik[11], die Vorbedingung gelingender Konvivenz.

[5] McNeill, The Rise of the West, XXII.

[6] Ina-Maria Greverus, Anthropologisch reisen, Hamburg 2002, 27, 170ff.

[7] Vgl. dazu Günther Schlee (Hg.), Imagined Differences. Hatred and the construction of identity, New York 2002, 6ff.

[8] Theo Sundermeier, Den Fremden verstehen. Eine praktische Hermeneutik, Göttingen 1996. Sundermeiers verblüffend rascher Durchgang durch ein breit gestreutes Ensemble einschlägiger Texte der Ethnologie, Kunstgeschichte, Philosophie und Kommunikationstheorie mündet in das Urteil, bisherige geistes- und kulturwissenschaftliche Bemühungen um ein Verstehen des Fremden seien *grosso modo* gescheitert; vgl. Sundermeier, Den Fremden verstehen, 72, vgl. 33, 48, 50.

[9] Sundermeier, Den Fremden verstehen, 75, 131, 132, 137ff.

[10] Vgl. Wulf Volker Lindner/Susanna Kempin, Begegnung mit Fremden. Eine Auseinandersetzung mit Theo Sundermeier, in: Zwischen Regionalität und Globalisierung. Studien zu Mission, Ökumene und Religion, hg. v. Theodor Ahrens, Ammersbek 1997, 249–263; sodann Christian Danz, Einführung in die Theologie der Religionen, Wien 2005, 221–233.

[11] Sundermeier, Den Fremden verstehen, 131.

Was Sundermeier nicht bedenkt, darauf haben schon Kempin/Lindner aufmerksam gemacht, ist die Frage, warum dies so selten gelingt, nicht zuletzt in kleinräumigen sozialen Beziehungen. Allein schon die Fähigkeit zur Empathie, die er in seinem Stufenmodell vorschlägt,[12] verlangt eine »psychische Verfasstheit bzw. Kompetenz, die nicht bei jedem Menschen gleichermaßen anzutreffen ist und die kontextuell ständig gefährdet ist«.[13] Gerade im konvivialen Nahbereich entzieht sich die Begegnung mit Fremden leicht der Kontrolle. Wie steht es mit der je eigenen Perspektivität, wie mit den je eigenen Verbindlichkeiten, die ein Interpret in der Begegnung mit dem Fremden nicht schlichtweg stilllegen kann? Die Subjektivität der Interpreten bleibt unhintergehbar. Wenn das so sein sollte, bleibt bei Sundermeier offen, was in der Begegnung mit dem Fremden eigentlich passiert.

Dazu im Folgenden vier erfahrungsnahe Schlaglichter, zwei aus der Ethnologie, zwei gespeist aus eigener Erfahrung, das erste als Pastor in ökumenischer und entwicklungspolitischer Zusammenarbeit, das andere aus meiner Zeit als Referent für kirchliche Beziehungen zu einer Partnerkirche im Südpazifik. Ethnologen wollen die Gesellschaft, die sie beschreiben, in der Regel nicht verändern, sondern nur so präsentieren, wie sie sich zum Zeitpunkt ihrer Beobachtung darstellt. Anders bei Mitarbeitenden von Kirchen, Missions- und Entwicklungsagenturen. Sie werden entsandt, nicht, um nur interkulturell zu lernen, sondern um das Leben der Partnerkirchen zu stärken und die Situation eben auch zu verändern. Beide Berufsgruppen müssen ständig mit bedenken, welchen Kräften die eigene Begegnung mit dem Fremden verfallen kann, und ausloten, was getan werden kann, um diesen Kräften beizukommen und ein gegenseitiges Verstehen zu fördern.[14]

Ich beginne zunächst mit Bronislaw Malinowski, der – auch wenn sein Werk heute kritisch gesehen wird – wie kein anderer das Bild des methodisch sicheren und einfühlsamen Ethnographen bestimmt hat, der seinen Lesern aufgrund jahrelanger ›teilnehmender Beobachtung‹ einen verlässlichen, objektiven Bericht vorlegen kann, der die fremde Gesellschaft in ihrem inneren Gefüge verständlich macht.[15] Die posthume Veröffentlichung seines während der Feldforschung ge-

[12] Sundermeier, Den Fremden verstehen, 155.

[13] Lindner/Kempin, Begegnung mit Fremden, 259.

[14] Vgl. Lindner/Kempin, Begegnung mit Fremden, 260.

[15] Clifford Geertz, Die künstlichen Wilden. Der Anthropologe als Schriftsteller, München 1990 (Engl. 1988), 13.

führten Tagebuchs erschütterte nicht nur dies Idealbild eines Ethnographen. Sie löste auch eine Krise der ethnographischen Darstellung fremder Gesellschaften aus, und zwar ausschlaggebend, weil in der klassischen ethnographischen Monographie das Ich des Ethnographen zum Verschwinden gebracht wurde.[16] Was geschieht eigentlich mit dem Ich der Ethnographen, die sich auf ›teilnehmende Beobachtung‹ einlassen? Malinowski hat einschlägige Erfahrungen in seiner Monographie *Argonauts of the Western Pacific* weitgehend beschwiegen.[17]

Laura Bohannan, eine amerikanische Ethnologin, hat unter dem *pen name* Eleonore Smith Bowen in einem kaum verhüllt autobiographisch-ethnologischen Roman diese Frage ins Zentrum ihrer Darstellung gerückt.[18] Das Ich der Ethnologin wird als Teil der ethnographisch bearbeiteten Szene sichtbar gemacht. Die Lektüre dieses Buches hat mir geholfen, als ich vor vielen Jahren in einem damals für mich durchaus fremden Kontext damit befasst war, mir die gegebene Situation zu erarbeiten. Dazu also das dritte Schlaglicht. Abschließend folgen einige Beobachtungen zu ›kultureller Reibungshitze‹, wie sie sich für Mitarbeitende in überseeischen Partnerkirchen und deren Entwicklungsprojekte bemerkbar machen kann.

Bronislaw Malinowski schützt seine Darstellung der fremden Gesellschaft vor dem Ich des Interpreten

In seinem berühmten Vorwort zu den *Argonauts of the Western Pacific* verknüpft Malinowski seine methodologischen Überlegungen zur Darstellung fremder Gesellschaften mit einigen beiläufigen Bemerkungen zu seiner persönlichen Befindlichkeit während der Anfänge seines Aufenthalts:

Abgesetzt von einem Boot – vermutlich der kolonialen Administration – findet er sich nun allein am Strand, in der Nähe einer indigenen Siedlung (... *hier bin ich nun, was fange ich bloß an* ...) und kann sich nicht verständigen.[19] Informationen von Kolonialbeamten und residenten Missionaren zu der Situation, die

[16] Geertz, Die künstlichen Wilden, 85; Kohl, Ethnologie, 121ff.; Greverus, Anthropologisch reisen, 9ff.; Werner Kogge, Die Grenzen des Verstehens. Kultur – Differenz – Diskretion, Weilerswist 2002, 128ff.

[17] Bronislaw Malinowski, Argonauts of the Western Pacific. An Account of Native Enterprise and Adventure in the Archipelagoes of Melanesian New Guinea, New York 1922.

[18] Eleonore Smith Bowen (Laura Bohannan), Rückkehr zum Lachen. Ein ethnologischer Roman, Berlin 1984 (Engl. 1964).

[19] Malinowski, Argonauts, 4.

ihn erwartete, erwiesen sich als »biassed and pre-jugded«.[20] Doch bald gelingt es ihm, die anfangs empfundene Kluft zu überbrücken. Er wird, berichtet er, von der Dorfgemeinschaft akzeptiert, wenn auch nicht voll integriert: »[T]hey finished by regarding me as part and parcel of their life, a necessary evil or nuisance, mitigated by donations of tobacco.«[21] Sie waren »in touch« – Voraussetzung dafür, dass Malinowski mit seiner Arbeit beginnen kann.

Vorab hält er fest, was das Ziel seiner Unternehmung ist. Sein Interesse richtet sich auf Fragen gesellschaftlicher Integration und die Mittel, mit denen die Gesellschaft der Trobriander ihre Probleme löst. Er will die Gesellschaft als Ganze erfassen, indem er bei dem Handeln, den Institutionen und den Motivationen ansetzt: »Their beliefs and practises do not by any means lack consistency of a certain type, and their knowledge of the outer world is sufficient to guide them in many of their strenuous enterprises and activities.«[22] Es gilt, die Ordnung und das Recht (»law and order«), die der Gesamtheit einer Kultur Konsistenz verleihen, aufzudecken.[23]

Die Situation ist in drei methodischen Schritten, die übrigens weitgehend mit Sundermeiers Stufenschema[24] korrelieren, zu erarbeiten:

Zunächst: Die soziale Maschinerie soll verstanden werden. In der Sammlung und Organisation zuverlässiger Daten sieht Malinowski eine Voraussetzung für eine solide wissenschaftliche Erschließung einer fremden Gesellschaft. Malinoswki nennt dies »the method of statistic documentation by concrete evidence«.[25] Eine Trennlinie zwischen den Ergebnissen direkter Beobachtung, den Auskünften der Indigenen und den Deutungen des Autors muss erkennbar bleiben.[26] Es soll nachkontrollierbar belegt werden, wie ein Ethnograph zu seinen Interpretationen kommt.

Sodann: Lange Zeiträume des Verweilens bei den untersuchten Gesellschaften sind unabdingbare Voraussetzung ethnographischer Arbeit.[27] Malinowski empfiehlt dem Ethnographen, sich am Leben der untersuchten Gesellschaft zu beteiligen, mit keiner anderen Aufgabe als der, die Sitten, Zeremonien und

[20] Malinowski, Argonauts, 5, 7.
[21] Malinowski, Argonauts, 8.
[22] Malinowski, Argonauts, 10.
[23] Malinowski, Argonauts, 11.
[24] Sundermeier, Den Fremden verstehen, 137ff.
[25] Malinowski, Argonauts, 17 (dort gesperrt), vgl. 12ff.
[26] Malinowski, Argonauts, 3.
[27] Malinowski, Argonauts, 8. Karl-Heinz Kohl bezeichnet dies als die Zumutung einer Art zweiter Sozialisation; Kohl, Ethnologie, 115.

Transaktionen immer und immer wieder zu beobachten und so Materialien zu gewinnen, die das Skelett abstrakter Konstruktionen mit Belegen auffüllen, die zeigen, wie Plausibilitätsannahmen wirklich gelebt werden. Es gilt zu plausibilisieren, wie das milieuspezifische Denken und Fühlen (»the mental attitude«) mit den Institutionen einer gegebenen Gemeinschaft korrelieren.[28]

Aus seinem »Eintauchen in das Leben der Eingeborenen« (»plunges into the life of the natives«)[29], gewinnt Malinowski »a distinct feeling«, so dass ihm das Verhalten und die Weise des In-der-Welt-Seins der Trobriander (their behaviour, their manner of being«) zunehmend durchsichtig und leicht verständlich wurden.[30]

Denn das übergeordnete Ziel ethnographischer Arbeit, Malinowski zufolge, besteht darin, die Einheimischen so zu verstehen, wie sie sich selbst verstehen: »… the final goal ….is, briefly, to grasp the native's point of view, his relation to life, to realise *his* vision of *his* world.«[31]

Das dritte Gebot ethnologischer Arbeit, schreibt Malinowski, richtet sich darauf, die Ergebnisse so überzeugend wie möglich (»in the most convincing manner«) zu formulieren.[32] Während teilnehmende Beobachtung die Distanz zwischen Beobachter und Beobachteten möglichst »auslöscht oder auszulöschen beansprucht«, wird auf dem ›Rückweg‹ vom ›Dort-Sein‹ zur ethnographischen Monographie diese Distanzlosigkeit in nahezu absolute Distanz verwandelt.[33] In der klassischen ethnographischen Monographie findet der Dialog zwischen dem Autor und den Lesern statt.[34] »Ein epistemologischer Schnitt unterbricht das Einfühlen, Herantreten und Teilnehmen.« Das Beobachtete wird nunmehr auf einem Raster von Grundbegriffen abgebildet, die der Gesellschaft des Beobachters entnommen sind.[35] Das Ich des Ethnographen und das, was in der Begegnung mit den Fremden passiert, verschwinden hinter der Darstellung der fremden Gesellschaft.

Und dennoch bleibt das Ich des Forschers, wie Malinowski zum Beschluss seines Vorwortes notiert, im Spiel: »Perhaps man's mentality will be revealed to us, and brought near, along some lines which we never have followed before.

[28] Malinowski, Argonauts, 18–19.
[29] Malinowski, Argonauts, 22.
[30] Malinowski, Argonauts, 21f.
[31] Malinowski, Argonauts, 25.
[32] Malinowski, Argonauts, 23.
[33] Geertz, Die künstlichen Wilden, 85, vgl. 84.
[34] Greverus, Anthropologisch reisen, 10.
[35] Die gesammelten Daten werden nach dem Kriterium ihrer Konstanz ausgewählt und »in das Ganze des zu erfassenden Funktionszusammenhangs integriert«. Kogge, Die Grenzen des Verstehens, 137.

Perhaps through realising human nature in a shape very distant and foreign to us, we shall have some light shed on our own.«[36] Diese erleuchtenden Momente, die es, wie wir gleich sehen werden, gegeben hat, fließen in den Forschungsbericht des Autors nicht ein. Im besagten Vorwort berichtet er zwar beiläufig von »tribulations as lived through by myself«; im Allgemeinen aber findet er sich »very much in harmony« mit den Gegebenheiten seiner Situation.[37]

Ganz so ist es offenbar nicht gewesen, wie das Tagebuch zeigt, das er damals geführt hat und das ungefähr vierzig Jahre später, gut zwanzig Jahre nach Malinowskis Tod, veröffentlicht wurde – ein *Tagebuch im strikten Sinne des Wortes*.[38] Dieser wahrscheinlich nicht für eine Veröffentlichung gedachte Text öffnet einen Blick »hinter die Kulissen« ethnologischer Feldforschung.[39] Der Ethnologie war diese späte Veröffentlichung peinlich, schien sie doch das Bild des umsichtigen Feldforschers, der sich einfühlsam und sicher auf dem Terrain der Fremden bewegt und deren Gesellschaft parteilos, objektiv darstellt, zu dementieren.[40]

Im Tagebuch legt Malinowski sich selbst rigoros Rechenschaft darüber ab, wie es ihm während seiner Feldforschung ergangen ist. Einige »natives« verweigern sich der teilnehmenden Beobachtung des Ethnographen; sie brechen Interviews ab, verheimlichen ihm Aufbrüche zu Kulafahrten, die beobachten zu können ihm besonders wichtig gewesen wäre.[41] Die Unzuverlässigkeit seiner Bootscrew – notiert er einmal – »treibt mich in einen Zustand von Weißglut und Haß auf bronzefarbene Haut, kombiniert mit Depression, dem Wunsch, ›mich hinzusetzen und zu heulen‹, und einem wilden Verlangen, ›*hier rauszukommen*‹. Trotzdem beschließe ich, auszuhalten und heute zu arbeiten – ›*business as usual*‹, trotz allem«.[42] Wir lesen Sätze wie: »Der halbzivilisierte Eingeborene, wie wir ihn in Samarai finden, ist für mich a priori abstoßend und uninteressant; ich habe nicht die mindeste Lust, über sie zu arbeiten. Ich dachte an Elsie …«[43] Oder: »Ich litt furchtbar daran, in diesem Pandämonium von Kindern und *Niggers* leben zu

[36] Malinowski, Argonauts, 25.
[37] Malinowski, Argonauts, 4 bzw. 7.
[38] Bronislaw Malinowski, Ein Tagebuch im strikten Sinne des Wortes. Neuguinea 1914–1918, Frankfurt/M. 1985 (Engl. New York 1967).
[39] Geertz, Die künstlichen Wilden, 78.
[40] Clifford Geertz, Dichte Beschreibung. Beiträge zum Verstehen kultureller Systeme, Frankfurt/M. 1987, 289; Kohl, Ethnologie, 122.
[41] Malinowski, Tagebuch, 204–206.
[42] Malinowski, Tagebuch, 229.
[43] Malinowski, Tagebuch, 104.

müssen. Besonders meine *Boys* gingen mir auf die Nerven«.[44] Derartige Irritationen schließen zwar keineswegs aus, dass ein Beobachter eine fremde Weltsicht jedenfalls ein Stück weit nachvollziehen und rekonstruieren kann, beleuchten aber die Grenzen aller Versuche, die Anderen so zu verstehen, wie sie sich selbst verstehen (»realise *his* vision of *his* world«).[45]

Das Tagebuch erstaunt mehr wegen der Strenge, mit der Malinowski sich selbst beobachtet, als dass es schockiert.[46] Malinowski hält seine Aggressionen, Euphorien und Depressionen, seine Hypochondrien und Fluchtgedanken separat in seinem Tagebuch fest und schützt so seinen Gegenstand vor seinem Selbst. Einen Verfall der »schöpferischen Bereitschaft, die Wirklichkeit in der eigenen Seele zu reflektieren«, schreibt er, »darf man nicht zulassen.«[47] Es gibt eben erheblich mehr zum ›Eintauchen‹ als das Leben der Eingeborenen[48] – die Landschaft, die Isolation, die Erinnerung an die Heimat, die ferne Geliebte, kurz, die Frage, wer man/frau eigentlich in dieser Situation ist und was einen hierher gebracht hat. Wenn teilnehmende Beobachtung den Ethnographen so etwas wie eine zweite Sozialisation zumutet, dann belegt das Tagebuch, dass die in der primären Sozialisation erworbenen Selbstverständlichkeiten durch die »Konfrontation mit fremdkulturellen Normen und Verhaltensmustern, die den eigenen nicht selten diametral entgegenstehen … grundlegend in Frage gestellt« werden.[49] Was passiert, wenn das Ich der Forscher der Feldforschung in die Quere kommt und die Fremden, mit denen sie zu tun haben, dem Ich der Forscher?

Laura Bohannan: Die Begegnung mit dem Fremden konfrontiert die Forscherin mit dem eigenen Ich

Mit ihrem in der Ich-Form erzählten ›ethnologischen Roman‹ ›Rückkehr zum Lachen‹[50] legt Bohannan sich und ihrer Leserschaft Rechenschaft darüber ab,

[44] Malinowski, Tagebuch, 242, vgl. 244, 191.
[45] Malinowski, Argonauts, 25.
[46] Zu Recht bemerkt Raymond Firth in seinem Vorwort zu Malinowskis Tagebuch: »… jedem, der meint, über solche Passagen des Tagebuchs die Nase rümpfen zu dürfen, möchte ich den Rat geben, erst einmal ebenso ehrlich zu sein in dem, was er denkt und schreibt, und dann noch einmal zu urteilen«. (Firth, Einleitung, 11).
[47] Malinowski, Tagebuch, 105.
[48] Malinowski, Argonauts, 21f.
[49] Kohl, Ethnologie, 115.
[50] Bohannan (Smith Bowen), Rückkehr zum Lachen.

wie es ihr ergangen ist. Das Selbst der Ethnographin kommt als Mitspielerin auf der ethnographischen Bühne zu stehen. Zugleich bleiben die Stimmen derer, über die geschrieben wird, in narrativer Form erhalten. Bohannan kreiert ein neues Genre anthropologischer Berichterstattung und kommt damit einem Trend zuvor, der später auf die Repräsentationskrise der klassischen Ethnographie reagiert und in die von K.-H. Kohl sogenannte ethnographische Bekenntnisliteratur mündet.[51] Bohannan publiziert ihre Rechenschaftsablegung unter einem Pseudonym. Ethnologischer Konfessionalismus – den Begriff verdanke ich K.-H. Kohl – war damals vermutlich noch keine akademische Empfehlung.[52] Geertz spricht denn auch im Blick auf dieses Genre etwas abfällig von »hochgradig ›autorgesättigte[n]‹« Texten, »in denen das Selbst, das der Text schafft und das Selbst, das den Text schafft, so dargestellt werden, als seien sie nahezu identisch«.[53]

Was und wie erzählt die Autorin von ihren Erfahrungen? Es fängt, wie bei Malinowski, an mit den Verunsicherungen bei der Ankunft: dem mühsamen Fußweg in das Dorf, das ›ihr‹ Dorf werden soll, weit abseits der nächsten Straße durch hohes Gras in der Hitze Afrikas. Das Gehen wird ihr zu einer Ewigkeit.[54] Bei Ankunft dann Begrüßungsformalitäten, die beiderseitige Verunsicherungen kaschieren. Nachts vor dem Einschlafen fragt sie sich, welche »Lektionen« Afrika sie wohl zu lehren haben würde.[55] Vorhersehbar erwies sich das Erlernen der Sprache als schwierig. Unvorhergesehen: *Sie* wird beobachtet. Die Gastgeber machen sich lustig über sie. Einbezogen ins Dorf wird sie zugleich ausgegrenzt. Bohannan weiß nicht, wo der richtige Mittelweg zwischen Nähe und Distanz liegen könnte. Bohannan kann sich nicht am Lachen derer beteiligen, denen es gelungen war, Hunden Blechdosen an die Schwänze zu binden oder Blinde in die Irre zu leiten. Sie versucht, ihren Gastgebern menschlich nahe zu kommen, zugleich als Ethnologin die Situation beobachtend in den Griff zu bekommen – und fühlt sich doch wie ein Kind. Sie versucht es über Mithilfe bei der Gartenarbeit. Dann ereilen sie ernste Themen: ›Feuer auf dem Marktplatz‹: Alle, die es gesehen hatten, waren sich einig: Hexen sind unterwegs.[56] Die Ethnologin nimmt nicht wahr, was ihre Gastgeber gesehen haben wollen. Gibt es Hexen? Bohannan

51 Kohl, Ethnologie, 122; Greverus, Anthropologisch reisen, 9.

52 Später wurde er zur Mode; vgl. z. B. Kenneth Read, The High Valley, New York 1965; Ders., Return to the High Valley. Coming Full Circle, University of California Press 1986.

53 Geertz, Die künstlichen Wilden, 96.

54 Bohannan, Rückkehr zum Lachen, 38.

55 Bohannan, Rückkehr zum Lachen, 46.

56 Bohannan, Rückkehr zum Lachen, 75ff.

ahnt, wie schwierig es sein wird, irgendetwas über die Glaubensvorstellungen ihrer Gastgeber herauszufinden. Sie wird, notiert sie, dort vielleicht immer eine Fremde bleiben.[57] Zugleich wird sie der Erwartung ausgesetzt, sich in die lokalen Gebe- und Verpflichtungsverhältnisse einbeziehen zu lassen, also zum Mitglied bzw. – wie sich später herausstellt – zur Partei machen zu lassen. Allmählich geht ihr auf, dass sie nicht gleichzeitig Familienmitglied und beobachtend teilnehmende Ethnologin sein kann.[58]

Die Gräben zwischen ihren eigenen Wertvorstellungen und den in ihrer gastgebenden Gesellschaft gültigen werden ihr bewusst, als sie das Sterben ihrer Freundin Amara begleitet. Amara hat Schwierigkeiten zu entbinden, darf aber nicht in das erreichbare Krankenhaus gebracht werden, weil alle glauben, dass sie einer Verwünschung erliegt – Opfer eines auf der Ebene symbolischen Handelns ausgetragenen Machtkampfes zweier Lokalpolitiker, Kako und Yabo, und als solches ohnehin in aussichtloser Lage.[59] Amara ist, in lokaler Perspektive, nur ein Knoten in einem sozialen Netz – und dieser Knoten wird jetzt fallen gelassen. Bohannan hat ihre Beurteilung der Situation, muss sich aber fügen. Ihr bleibt nur, bei der Sterbenden auszuharren. Die Ethnologin ist nur eine Figur auf dem Schachbrett der Lokalpolitiker. Damit kann sie sich zunächst nicht aussöhnen. Der Versuch, in objektivierender Distanz ein Verstehen der Situation zu erarbeiten, lässt sich nicht leicht mit der menschlichen Anteilnahme ausgleichen, die diese Situation erfordert. Eine distanzierte, unparteiliche Wahrnehmung der Vorgänge ist ihr unmöglich. Sie entdeckt ihre Parteilichkeit, während sie versucht, Meinungen, Urteile, Vorurteile zurückzustellen und die gastgebende Gesellschaft in ihrem Gefüge und von innen heraus zu verstehen. Während sie ihrer Wissenschaft vom Menschen als kulturellem Wesen nachgeht, entdeckt sie die Illusion der Wertfreiheit – um den Preis eines Kulturschocks, den sie sich schließlich eingesteht: »Sie waren alle Wilde. Zum ersten Mal wandte ich in meinen Gedanken dieses Wort auf sie an. Und es passte.«[60] Die Erfahrungen der Fremden bleiben fremde Erfahrungen, weil sie an Sprache, Plausibilitätsannahmen und Institutionen, Fixpunkte kultureller Prägung der fremden Situation gebunden sind.

[57] Bohannan, Rückkehr zum Lachen, 78f.
[58] Bohannan, Rückkehr zum Lachen, 164.
[59] Bohannan, Rückkehr zum Lachen, 225ff.
[60] Bohannan, Rückkehr zum Lachen, 276.

Als ich Anfang der 1970er-Jahre, seit kurzer Zeit als Mitarbeiter der lutherischen Kirche in Papua-Neuguinea, zwischen Regenwald und Pazifikstrand Laura Bohannans Buch zum ersten Mal las, wirkte das auf mich wie eine Befreiung. Ich bemühte mich zu verstehen, was dort vor sich ging und Werturteile zu suspendieren. Aber das gelang nicht immer. Auch ich hatte mich nicht freuen können an den Jungen des Dorfes, wenn sie sich damit vergnügten, wund geschossene Papageien an einem Bindfaden gebunden kreisend fliegen zu lassen, bis diese schließlich verendeten. Auch ich fand unakzeptabel, dass ein 13-jähriges Mädchen schließlich an einer Lungentuberkulose sterben musste, weil seine Angehörigen es für das Opfer einer Verzauberung, mithin eines Konfliktes zwischen zwei Gruppen hielten und in dieser vermeintlich aussichtslosen Lage lokale Mittel des Konfliktmanagements so lange ausloteten, bis es zu spät war, das Kind in ein Krankenhaus zu bringen.

Laura Bohannans Buch ist so fesselnd, weil sie sich eben über dieses Misslingen, einen Ausgleich zwischen den Versuchen, zu verstehen und menschlich Anteil zu nehmen, tief gehend Rechenschaft ablegt. Sie gesteht sich *und ihren Lesern* nicht nur ein, wo und wie ihre Versuche zu verstehen, immer wieder frustriert werden oder scheitern, sondern auch, aufgrund welcher Widerfahrnisse sie ihre eigenen kulturellen Prägungen als ihre Verbindlichkeiten ausdrücklich zu bejahen und zugleich den anderen ihre eigene Integrität zuzugestehen lernt.[61]

Zum Schluss findet der Titel des Buches *Rückkehr zum Lachen* noch seine Erläuterung in folgender Episode: Als eine Pockenepidemie ausbricht und dies Desaster dem Schadzauber eines Lokalpolitikers zugeschrieben wird, fliehen alle und Bohannan, wiewohl geimpft und daher ungefährdet, mit ihnen. Schließlich kehren alle zurück. Es kommt zu einer burlesken Erzählnacht. Die Jugendlichen des gastgebenden Weilers spielen ihr, Laura Bohannan, die verschiedenen, im Dorf gelebten Rollen vor, die eigenen, aber auch die der Anthropologin, des Pfarrers, des Regierungsbeamten. Sie kann in das Lachen der Leute einstimmen. Sie wussten, »wie man in naher Berührung mit dem Tragischen lebt, wie man mit dem eigenen Versagen leben und dennoch lachen kann«.[62] Das wäre das konviviale Fest Sundermeiers – und doch bleibt ein unüberbrückbarer Graben: »Mehr denn je erkannte ich«, schreibt sie, »dass man das, was ist, nicht über das stellen darf, was sein sollte, nur weil es ›so ist‹.«[63]

[61] Bohannan, Rückkehr zum Lachen, 341.
[62] Bohannan, Rückkehr zum Lachen, 348.
[63] Bohannan, Rückkehr zum Lachen, 341.

Kontextualität hin oder her, wollen wir bestimmte Sitten und Wertvorstellungen wirklich »allein nach den in den Handlungen implizierten Kriterien derer … die sie besitzen und anwenden« beurteilen?[64] Im interkulturellen Lernen geht es ja nicht nur darum, eigene Vorurteile als solche zu erkennen und stillzulegen; die eigenen Verbindlichkeiten kommen auf den Prüfstand. Ich glaube nicht an Hexen, schon gar nicht daran, dass Menschen als Hexen beschuldigt und hingerichtet werden dürften, nehme aber an, dass Projektionszauber wirken kann. Auch traditionelle Weltbilder haben erhebliche Schwächen, wie unser eigenes; auch andere Kulturen repräsentieren eine erhebliche Spannbreite nobler wie schäbiger, humaner wie entmenschlichender Praktiken, wie unsere eigene Kultur. Diese zu bewerten gibt uns keinen Freifahrtschein moralischer Kolonisierung, entbindet uns aber auch nicht von der Treue zu den eigenen Maßstäben. Wie also ansetzen, um ein Verstehen der gegebenen Situation zu erarbeiten?

Wie erschließe ich mir ›meine‹ Arbeitssituation auf fremdem Terrain?

Auf diese Frage hatte ich mich während meines Studiums der Theologie nicht vorbereitet und während meiner praktisch-theologischen Ausbildung im Vikariat kam sie nicht vor. Wenig später, als junger Pastor und promovierter Missions- und Ökumenewissenschaftler stand ich – damals noch als Missionar bezeichnet, heutiger politischer Correctness entsprechend als ökumenischer Mitarbeiter – einigermaßen ratlos vor der Frage: Was geht hier eigentlich vor? ›Hier‹ – das war die Astrolabe Bay in Nordostneuguinea, eine kleine Welt von 44 Dörfern und Weilern, verteilt auf ein teilweise sehr unwegsames Gelände von etwa 5500 Quadratmeilen. Hinter der Fassade des gleichförmig und scheinbar harmonisch geprägten Lebens in dörflichen Gemeinschaften spürte ich ein mir undurchsichtiges Geschiebe und Gewoge.[65] Ohne dies jedenfalls ein Stück weit von innen her zu verstehen, würde meine Mitarbeit in den Gemeinden an den Themen, die die Menschen bewegten, vorbeigehen. Nachdem ich Rat bei Freunden gesucht hatte,

[64] Alasdair MacIntire, Läßt sich das Verstehen von Religion mit religiösem Glauben vereinbaren?, in: Hans G. Kippenberg/Brigitte Luchesi, Magie. Die sozialwissenschaftliche Kontroverse über das Verstehen fremden Denkens, Frankfurt/M. 1978, 52–72, 59.

[65] In der Situation war ich trotz der Verbundenheit mit der christlichen Gemeinde vor Ort ein Fremder, und zwar nicht, weil ich von außen kam, sondern, weil ich in dem Milieu der Astrolabe Bay nicht sozialisiert worden war.

stellte ich schließlich drei Leitfragen in das Zentrum der Versuche, mich zu orientieren:

Zunächst: Um mir jedenfalls in groben Umrissen ein Bild davon zu machen, was ›dort‹, so nah und gleichzeitig unzugänglich, vor sich ging, begann ich darauf zu achten, über welche Fragen in der Bevölkerung offen und mit Nachdruck gestritten wurde. Über welchen Fragen kam es zu Konflikten? Eines der Themen, die im Vordergrund standen, lautete: ›Auf welche Kräfte setzen wir, wenn es darum geht, unsere Dorfgemeinschaft zu stabilisieren und voranzubringen?‹ ›Warum sind wir vergleichsweise machtlos und arm?‹ Im Zusammenhang damit: ›Wo liegen die Quellen wahren Wissens – in der von unseren Ahnen uns hinterlassenen Tradition oder bei den Weißen, dem Christentum, der neuen Welt?‹ ›Was haben wir vom Christentum an materiellem Fortschritt zu erwarten?‹ ›Was verlieren wir, wenn wir unsere Tradition gering achten?‹ Das waren *übergeordnete* Themen der Gesamtsituation, zu denen *kontrovers* Stellung bezogen wurde. An diesen Fragen bildeten sich scharfe Gegensätze, die die Bevölkerung in Interessengruppen spalteten. Zur Frage, wie ihre Gemeinwesen vorangebracht werden könnten, vertraten Dörfer, die eine christliche Gemeinde bildeten, *prima facie*[66] eine deutlich andere Haltung als Angehörige eines nativistisch-chiliastischen Krisis-Kultes. Die einen favorisierten Christentum, Entwicklung, Bildung, die anderen setzten auf Tradition und Initiationsriten. Die gegensätzlichen Optionen wurden z. B. im *Local Government Council*, einer Art Kreistag, ausgefochten. Vor diesem Hintergrund versuchte ich herauszufinden, wer Autorität beansprucht, diese Kontroversen zu entscheiden, und wer tatsächlich die Macht hat, Konflikte zu regeln. Es brauchte ein genaues Hinsehen und etwas Geduld, um herauszufinden, wer die Meinungsmacher im Vordergrund und wer die Entscheidungsträger, die Power Broker im Hintergrund waren. So viel zu den Fragen, über die man sich *öffentlich* auseinandersetzte.

Ebenso gewichtig wie das Paket öffentlich ausgetragener Kontroversen war die Blackbox beschwiegener Konflikte und im Zusammenhang damit eines nicht öffentlichen Konfliktmanagements. Es gab eine Fülle von Spannungen, die nicht in der Öffentlichkeit oder nur halb öffentlich ausgetragen wurden. Dazu gehörten Familienkonflikte, Rivalitäten zwischen Lokalpolitikern, schwelende Landkon-

[66] Es sei jedenfalls anmerkungsweise notiert, dass im Hintergrund der offenkundigen politischen und ideologischen Gegensätze Gruppen übergreifende Querverbindungen bestanden. Auch die christlichen Gemeinden praktizierten keineswegs einen radikalen Traditionsabbruch, und die kulturellen Traditionalisten waren keine konsequenten Modernisierungsverweigerer.

flikte u. a. m., die oft in die Frage mündeten: ›Wie steht es um den Zusammenhang von Krankheit, Unglück und Vergehen?‹ Als Korrelat gehörten dazu Verfahren des In-Ordnung-Bringens, die unter Zuhilfenahme geheimen, aus der Tradition geschöpften Wissens die vermeintlichen Ergebnisse von Tun und Ergehens-Zusammenhängen bearbeiteten.

Allmählich zeichneten sich für mich einige Spielregeln ab, die das Miteinander und Gegeneinander steuerten – Regeln, die das Geben, Annehmen und Erwidern im sozialen Zusammenhang, im Verhältnis zur Natur, weiter zu den Verschiedenen und anderen unsichtbaren Mächten steuern. Vor dem Hintergrund dieser Regeln wurde mir jedenfalls ein Stück weit begreiflich, warum und wie Einzelne und Gruppen in den lokalen Verpflichtungsverhältnissen mitspielen oder dies auch nicht tun.

In einem separaten, zeitgleich laufenden Arbeitsgang ging es darum, diese aus dem alltäglichen Gang der Dinge gewonnenen Eindrücke und Problemanzeigen in einen weiteren Zusammenhang zu rücken. Um zu klären, wie sich diese Konstellationen in der Astrolabe Bay ergeben hatten, las ich Archivalien der Kirche, Jahresberichte der Vorgänger, Berichte der Kolonialverwaltung sowie der gegenwärtigen Provinzregierung, nicht zuletzt einige, die Region betreffende ethnologische Arbeiten. Das Studium dieser von *Außenseitern* beigetragenen Materialien half mir, Scharnierstellen zwischen den erfahrungsnah formulierten Problemanzeigen und erfahrungsfern formulierten Problembestimmungen[67] der Fachliteratur zu identifizieren: Mission und Kolonialismus, Identitätsgewinn und Identitätsverlust, empirisches und nichtempirisches Wissen, Funktion der Religion im Prozess der Modernisierung, Christentum im Kontext unterschiedlicher Weltbilder und vor dem Hintergrund unterschiedlicher Plausibilitätsannahmen, offizielle und populäre Religion – um nur einige zu nennen.

Gleichzeitig galt es auszuloten, wie *die Menschen vor Ort* ihre Situation deuteten und ihre Konflikte interpretierten. Auch sie hatten Meinungen, Urteile – und Vorurteile! Ihre Interessen, ihr Ausblick auf ihre Welt, aber auch ihre Einschätzung des Außenseiters, der ich war und blieb, prägten die Informationen, die sie beitrugen ebenso wie ihre Entscheidung, mir andere Informationen vorerst vorzuenthalten. Diese Stimmen der Betroffenen sollten auch in dem, was ich nach außen, für Andere, dieser Situation Fremde eben, vermittelte, zu Gehör gebracht werden.

[67] Die Begrifflichkeit verdanke ich Geertz, Dichte Beschreibung, 291ff.

Ich hatte das große Glück, kenntnisreiche, in ihrer Kultur gebildete Menschen als Lehrer zu finden. Der mir Wichtigste, ein ehemaliger Todeszauberer namens Tanok Galopi, hat viel Zeit darauf verwendet, mir eine Binnensicht seiner Welt und der Bestimmung des Menschlichen, wie er sie aus einer Kombination von melanesischer Tradition und Christentum gewonnen hatte, zu erschließen. Bis heute weiß ich mich ihm zu tiefem Dank verpflichtet. Ich lernte viel bei ihm und habe doch zugleich akzeptiert, dass wir an der Türschwelle zur Binnensicht einer anderen Religion und Kultur die systeminterne Schlüssigkeit anderer Weltbilder eben nur ein Stück weit nachvollziehen können. Übrigens brauchen wir gar nicht vorauszusetzen, dass fremde Weltbilder in sich völlig schlüssig wären. Auch sie lassen Risse, Brüche und Inkonsistenzen zu.

Immer wieder kam es vor, dass Vorkommnisse in der Situation sich meinem Verstehen entzogen. Das führte zu der dritten Frage: In welcher Funktion bin ich hier eigentlich beteiligt? Grundsätzlicher: Wer bin ich in dieser Situation? Dazu hier nur so viel: Das Verstehen der Situation konkretisiert sich schließlich in der Frage, wie ich mich persönlich ansprechen lasse.

Unser Gewissen ist das Forum, in dem darüber entschieden wird, ob und gegebenenfalls wie wir uns persönlich auf eine gegebene Situation mit ihren Brüchen und Interessengegensätzen einlassen. Das ist die schmale Brücke, die vom Verstehen zu einem antwortenden Verhalten führt. Damit öffne ich nicht eine Tür für einen moralischen oder religiösen Imperialismus. Wohl aber meine ich, dass das, was in der Situation vor sich geht, nicht nur im Rahmen und der Terminologie der Kultur der lokalen Bevölkerung evaluiert werden kann. Die Bevölkerung der Astrolabe Bay ist nicht nur Opfer der Kolonisierung und missionarischer Fremdbestimmung geworden – das war und ist ohne Zweifel der Fall. Sie hat auch Schaden genommen infolge von Defiziten traditioneller sozialer und politischer Organisation und beschränkter moralischer Urteilskraft.

Zusammenfassend halte ich fest: Hinter der Fassade eines ruhigen, homogenen Gemeinschaftslebens lagen Brüche, wurden Fragen nach anderen Möglichkeiten des menschlichen Miteinanders laut, gab es Suchbewegungen. Die Schätze der gesuchten Weisheit waren vor Ort zu bergen.

Die Gesprächssituation mit Tanok Galopi und anderen weitete sich allmählich aus. »Was machst du eigentlich bei Tanok?«, wurde ich oft gefragt. Und wenn ich antwortete, »Ich studiere bei ihm eure Tradition«, kam häufig der Respons: »Davon wissen wir auch etwas, dazu haben auch wir etwas zu sagen.« Bald ergab sich viermal im Jahr eine einwöchige, öffentliche Versammlung, die später von

Außenseitern gelegentlich etwas unernst ›Universität des Dorfes‹ genannt wurde. In der Tat, studieren können alle. Ein Moment der Reflexivität findet sich in jedem Leben, und Stoff gaben die laufenden Konflikte zur Genüge. Die Tagesordnung machten die Teilnehmenden. Es gab keine Vorträge, auch von mir nicht.[68] Vielleicht fungierte ich für die Teilnehmenden wie ein – lückenhaftes – Taschenlexikon. Wer immer ein Thema, ein Problem, einen Konflikt auf die Tagesordnung setzte, trug dies selbst vor und lud zum Meinungsaustausch ein. Eine der vereinbarten Spielregeln sah allerdings vor, dass der Anwalt eines Themas wenn möglich eine biblische Passage finden möge, die aus seiner Sicht zum Thema sprach. Es ergaben sich Verknüpfungen von Situation und biblischem Text, die mir manchmal abenteuerlich vorkamen. Nichtsdestoweniger zeigte sich während dieser Arbeit immer wieder das Potential biblischer Traditionen, die Beteiligten zusammenzubringen, Probleme in einem neuen Licht zu sehen. Wir lasen die Bibel, und die Bibel las uns und warf ihr Licht auf die in der Situation virulenten Themen.

Die Themen waren breit gestreut. Eines, an dem die Grenzen interkulturellen Verstehens sich abzeichneten, sei benannt: Leben mit den Toten. Nächtliche Flammen auf dem Grab eines kürzlich tödlich verunglückten jungen Mannes. Was konnte das für eine Bewandtnis haben? Ich hatte ein nächtliches Licht, das einige Hinterbliebene meinten gesehen zu haben und aus dem sie eine Botschaft zu gewinnen suchten, nicht gesehen. Andere hielten dies ›Licht‹ für Einbildung. Dazu konnte ich nicht viel sagen. Wohl aber konnte ich antworten, als jemand berichtete, er habe kürzlich seinen verstorbenen Großvater halb verdeckt durch ein Schilffeld vorüberziehen sehen, ohne dass dieser ein Wort an ihn gerichtet hätte, um dann zu fragen: ›Wie ist es bei euch, den Weißen – sprechen die Toten zu euch, sprecht ihr mit den Toten?‹

Ich beanspruchte nicht, die Berichte über das flackernde Licht auf dem Grab oder den Bericht vom vorbeiziehenden Großvater zutreffend deuten zu können. Wohl aber konnten wir uns gegenseitig Rechenschaft darüber ablegen, wie wir mit solchen Fragen umgehen. Entscheidend war, dass ein Forum entstand, in dem offen zutage liegende Kontroversen, aber auch delikatere Themen miteinander

[68] Und zwar aus folgenden Erwägungen: Wenn eine gemeinsame Arbeitssituation als Unterrichtssituation definiert wird, bringen ausländische Gesprächspartner sich damit leicht in eine Machtposition. Die Aura westlicher Überlegenheit kann schwache Beiträge europäischen Personals stark erscheinen lassen und zum nachahmenden Lernen verleiten. In solchen Situationen gilt es, sich immer neu das Ziel vor Augen zu halten: Nicht die Vermittlung von Kenntnissen oder vermeintlichen Richtigkeiten zählt, sondern die Förderung von Urteilsfähigkeit – auf beiden Seiten!

besprochen werden konnten. Vielleicht haben unsere vierteljährlichen Zusammenkünfte damals so viel Zuspruch über die Grenzen der christlichen Gemeinden hinaus gefunden, weil gesamtgesellschaftlich verankerte Plausibilitätsannahmen und im Kontext gültige Spielregeln brüchig geworden waren und eine Ungewissheit hinsichtlich der Tragkraft und Reichweite ihrer Geltung Verständigungsbedarf schuf.

Vor dem Hintergrund dieser Erfahrungen legt es sich nahe, Mission nicht als Verlängerung nur einer (der christlichen) Tradition zu diskutieren, sondern als einen Aspekt interkultureller und interreligiöser Dynamik. Alle Beteiligten legen ihre Karten auf den Tisch und klären, woraufhin sie unterwegs sind. Sie diskutieren, was ein gutes Leben miteinander in Wahrheit ausmachen könnte. Wenn es gut geht, lässt sich die Situation offen halten für einen Austausch darüber, woraufhin das Leben gelebt wird, was es gut und was es schwer macht und was in der Zeit, die bleibt, zu hoffen ist.

Kulturelle Reibungshitze

Wer sich nur einige Monate ›dort‹, beispielsweise im Südpazifik als Praktikant oder auch als Tourist aufhält, kommt über eine enthusiastische Phase (»… schön ist es hier in ›Arkadien‹ …«) oft nicht hinaus. Kurzzeiteinsätze lassen sich mit der Aussicht ›Selbst wenn die Situation hier nicht ideal ist, in absehbarer Zeit sind wir bald wieder zu Hause!‹ durchstehen. Erst die Langzeitperspektive, die ein berufliches Engagement mit sich bringt, konfrontiert mit der Frage: ›Wie halte ich, wie halten wir das durch?‹

Nach erfreulichem Anfang (›… ich habe hier auch schon eine Mama gefunden, die mich in ihre Familie adoptiert hat‹, so der Bericht einer Praktikantin) schleichen sich in das alltägliche Miteinander zunehmend kleine Irritationen ein. Anders als in der mitgebrachten Arbeitsplatzbeschreibung ist immer noch unklar, wo und wie man/frau hier nützlich sein könnte. Irritierend auch der Umgang der Einheimischen mit der Zeit, eine andere Art, Verabredungen zu treffen, eine andere Art, die Wahrheit zu sagen. Allmählich verliert die lokale Küche ihren Reiz; außerdem stören die vielen Fliegen auf dem Essen mehr als zuvor, die mangelnde Hygiene sowieso.

Für die, die mit längeren Vertragszeiten dort sind, zeichnet sich irgendwann ab, dass auf das im Konsens aller verabredete ›Projekt‹ unterschiedliche Politikstile durchschlagen. Das Projekt erweist sich als die Nahtstelle, an der unterschiedliche Formen der Entscheidungsfindung kollidieren. Entscheidungsfindungen vor Ort verlaufen hinter der Fassade demokratischer Strukturen entlang den Linien verwandtschaftlicher und lokaler Verpflichtungsverhältnisse. Sachprobleme werden in die Sprache persönlicher Beziehungen übersetzt. Zuvor getroffene Vereinbarungen das gemeinsame Projekt betreffend werden im Geschiebe örtlicher Interessenlagen modifiziert. Das kann für ausländische Fachkräfte hochgradig frustrierend sein. Die Strategien der Einheimischen, nach denen sie fremde Mitarbeiter einbeziehen und ausgrenzen, bleiben undurchschaubar. Allmählich beginnt eine gewisse ›Reibungshitze‹ zwischen den mitgebrachten Selbstverständlichkeiten, etwa Standards einer Projektabwicklung betreffend, und den örtlich eingespielten Gewohnheiten zu schwelen. Wenn sich diese Reibungshitze aufstaut, kann das bei den ausländischen Fachkräften zu Ressentiments führen. ›Das hat hier alles keinen Zweck mehr!‹ Die Einheimischen sind ›hoffnungslos‹. ›Nur raus hier!‹ Der Kulturschock ist da! Malinowski hat sein Werk vor diesen Irritationen geschützt, indem er derartige Erfahrungen seinem Tagebuch anvertraute; Bohannan hat ihr Selbst mit all ihren Verwirrungen und Fragen in die ethnologische Darstellung der Szene eingebaut. Was machen die, die ›dort‹ als ausländische Fachkräfte für längere Vertragszeiten gebunden sind?

Ein Kulturschock wird nicht spurlos verschwinden, kann aber allmählich zum *culture stress* abflauen. Mit *culture stress* lässt sich leben. Bohannan macht sich die Zusammenhänge, in denen interkulturelle Reibungshitze entsteht, bewusst. Sie achtet auf die Reaktionen, die sie sich erlaubt. Sie moralisiert nicht. Sie leugnet nicht die unangenehmen Aspekte der Arbeit und ihrer Lebensumstände. Sie erkennt die Gefahr, eigene Defizite auf andere zu projizieren. Wer allerdings nicht auf die Symptome achtet, die mit dieser Reibungshitze einhergehen, wird nach einiger Zeit Dinge tun und sagen, die man besser nicht hätte tun oder sagen sollen. Verständnisvoll mit anderen und nicht zu streng mit sich selbst zu sein, erübrigt allerdings nicht die Treue zu den eigenen Maßstäben.

Das kann schwierig werden, wenn unterschiedliche Gruppeninteressen und innerkirchliche Konflikte in die gemeinsame Arbeit vor Ort durchschlagen. Wie mit innerkirchlichen Konflikten umgehen? Immer wieder gibt es Versuche, überseeische Mitarbeiter zur Partei innerkirchlicher Konflikte zu machen. Man kann an diesen Konflikten nicht ganz vorbeigehen. Man kann sich aber – das ist der Regelfall, dessen Ausnahmen wohlüberlegt sein sollten – auch nicht zur Partei machen lassen.

Während ausländische Fachkräfte in die *lokalen* Kreisläufe des Gebens, Nehmens und Erwiderns, mithin gegenseitiger Verpflichtungen, nur zum Teil einbezogen werden, richten sich auf sie gleichzeitig, und zwar keineswegs selten, besondere finanzielle Erwartungen der lokalen Partner. Oft verfügen die ökumenischen Mitarbeiter ja über Möglichkeiten, für ›ihren‹ Arbeitsbereich abseits der offiziellen Kanäle zusätzliche Gelder zu erschließen. Wenn eine Seite Geld zu vergeben und die andere zu empfangen hat, verändert das die Beziehungen, verändert auch die Selbstwahrnehmung beider Seiten. Es gehört zur Interaktionskompetenz ausländischer Mitarbeitender, sich diese Komplexitäten des Gebens, Nehmens und Erwiderns bewusst zu halten und für sich zu klären, auf welche Beziehungen des Gebens und Nehmens sie sich jeweils einlassen wollen oder besser sich nicht einlassen sollten.

Ein Gast bleibt ein Gast. In den größeren Freiräumen, die in der Gemeindearbeit gegeben sind, lässt sich abwarten, in welche Aufgaben ein ausländischer Mitarbeiter hineingezogen wird. Zugleich gilt es zu klären, auf welche Aufgabenzumutungen er/sie sich lieber nicht einlassen sollten. Vieles mag unklar bleiben. Aber vieles wird eben auch geklärt, und zwar wenn man abwartet, in welche Gesprächslagen und sozialen Zusammenhänge die vor Ort Verantwortlichen die Außenseiter wirklich einbeziehen wollen. In anderen Berufsgruppen sind die Spielräume enger als in den offenen Formen der Gemeindearbeit. Ärzte werden darauf bestehen, dass OP-Schwestern pünktlich zum Dienst erscheinen und dass Medikamente verschreibungsgemäß und eben auch an Wochenenden verabreicht werden. Finanzberater werden darauf bestehen, dass die Bedeutung von Plus und Minus jedenfalls in buchhalterischen Bilanzen interkulturell nicht verhandelbar ist; sie werden sich aber auch darauf einstellen müssen, dass die Verantwortlichen vor Ort über die Verwendung ihrer Geldmittel autonom entscheiden wollen. Im sozialen Miteinander ist die Bedeutung von Plus und Minus durchaus verhandelbar, nämlich im Zusammenhang des Aushandelns von Loyalitätsverpflichtungen und der Regelung von Anerkennungsverhältnissen.

Politische Correctness legt uns nahe, statt von Mission nun von Partnerschaft, statt von Entwicklungshilfe besser von Entwicklungszusammenarbeit zu sprechen. Die Beziehungsproblematik wird damit nicht vereinfacht. Während einer Reise in Ozeanien lädt mich ein guter Bekannter, Mitarbeiter einer NGO, die sich u. a. gegen die Regenwaldabholzung einsetzt, am Spätnachmittag zu einem Sundowner in die Bar eines der besseren Hotels am Ort ein. Dorthin fahren wir in seinem Dienstwagen, einem Toyota Landcruiser, *air-conditioned.* Wir treffen

Mitarbeitende anderer Missionswerke und Entwicklungsagenturen. Sie gönnen sich eine Auszeit. Ich erlebe eine melancholische Welt. An der Bar werden als Wechselgeld geteilter Grunderfahrungen kleine Informationen hin und her geschoben. Diese Experten finden keine echten Ansatzpunkte für eine ökologisch interessierte Interventionspolitik. Sie leiden offensichtlich unter der zermahlenden Erfahrung, dass die Vorgaben der Projekte, die sie von zu Hause mitgebracht haben, nicht greifen. Irgendwann im Laufe ihrer Vertragszeit kam ihnen die mitgebrachte Ideenwelt ins Rutschen. Einige Kollegen neigen zu der Sicht, dass Geber und Empfänger, Einheimische und überseeische Experten in solchen Projekten Spiele miteinander und voreinander spielen. Eigentlich sollten diese Fachkräfte als Vermittler zwischen zwei institutionellen Zusammenhängen fungieren. Wo gehören sie hin? Sind sie Repräsentanten europäischer Entwicklungsagenturen bzw. Missionswerke, die Einheimischen helfen, *feasibility studies* so zu schreiben, dass diese sich *smoothly* über die Schreibtische der Bewilligungsgremien der Geldgeber bewegen? Oder besteht ihre Aufgabe darin, sich mit den unvorhergesehenen Umständen, die sich im Nachhinein, während der Abwicklung des Projektes, auftun, auseinanderzusetzen und nachzuverhandeln, um das ›Projekt‹ doch noch irgendwie zu ›retten‹? Ausländische Experten bringen kein Anwendungswissen dafür mit, wie ein Projekt erfolgreich umgesetzt werden kann. Vor Ort endet die Binnenrationalität der Bewilligungskriterien der Entwicklungs- und Missionsagenturen.

In der Vergangenheit haben wir gemeint, dass – wie auch immer der Großraum konditioniert sein mag – es sich lohnt, in begrenzten Projekten, im Nahbereich Dinge zu verändern. Diese Veränderungen, nahmen wir an, würden eine Signalwirkung für den Großraum haben. Mittlerweile, das war wohl die geteilte Grunderfahrung an jenem Nachmittag an der Bar, ist uns aufgegangen, dass der Großraum die kleinen Projekte, die integren Initiativen zermürbt, durchsäuert, auffrisst. Der Sinn des Unternehmens als solcher wird fragwürdig, weil – von außen betrachtet – die Arbeitsfähigkeit zentraler kirchlicher und staatlicher Institutionen nicht gegeben ist. Von innen betrachtet gelten andere Spielregeln.

Wenn Zurechenbarkeit im Kirchenpolitischen und Politischen nicht leicht hergestellt werden kann, schon gar nicht innerhalb des Zeitrahmens einer oder zweier Vertragszeiten überseeischer Mitarbeiter, worin könnte dann der Sinn der Entsendung von Mitarbeitenden bestehen? Dieser kann ja nicht in der Fiktion liegen, dass ›unsere‹ Partner dort eines nahen oder fernen Tages einmal so planen, arbeiten, fungieren wie wir. Das Ziel der Entsendung von Personal zur Förderung und Sicherung (!) von Projekten, Einzelmaßnahmen etc. kann nicht in der Anpassung an die ekklesiologischen oder an die entwicklungspolitisch-sozialen Standards der westlichen Welt liegen. Die Anderen gehen ihre eigenen Wege. Es entsteht etwas Drittes. Es gilt zu akzeptieren, dass sich an der Situation nicht viel ändert, weil Mentalitäten sich nur allmählich wandeln – und doch den Platz zu finden, an dem man gern gelitten ist und einbezogen wird, um einen eigenen Beitrag zu geben.

Dass in gemeinsamer Arbeit, insbesondere an Projekten, die darauf zielen, die Handlungsfähigkeit lokaler Institutionen zu stärken, Ziel- und Wertkonflikte aufbrechen, wird für alle Beteiligten zu einer harten Erfahrung. Darüber darf bei Gelegenheit eines Sundowners oder auch jenseits des Protokolls einer Fachreferentenkonferenz schon mal geklagt werden. Bei den Projektpartnern geschieht das ja auch. Förderlicher für eine Zusammenarbeit, aber auch schwieriger wäre es, Zeit und Raum zu schaffen, um einander die jeweiligen *Fixpunkte* der Netze *sozialer Wertvorstellungen* sowie die *unterschiedlichen Spielregeln* zu erläutern, die alltagsweltliches Handeln und Verpflichtungsverhältnisse in institutionellen Abläufen hier und dort steuern.[69] Das wäre ebenso ein Bewährungsfeld interkultureller Konvivenz wie einer praktischen Hermeneutik.

(Der Autor ist Prof. emeritus für Missionswissenschaft und ökumenische Beziehungen der Kirchen an der Universität Hamburg)

[69] Diese Anstrengung an externe Beratungsagenturen zu delegieren, mag im Fall tief greifender Beziehungsstörungen zeitweilig helfen, im Regelfall sind die Verständigungsprobleme dort zu lösen, wo sie anfallen.

ABSTRACT

Discussing problems of understanding across different cultures, this paper takes issue with Theo Sundermeier's hypothesis that, as a precondition for a sound intercultural understanding, the interpreter's subjectivity needs to be taken out of the game. Here it is argued that while it is impossible to completely neutralize the subjectivity of a scholarly observer, pastoral or social worker, there are different ways for outside interpreters to constructively deal with their self-reflexivity. Four flashlights are offered to underpin the hypothesis: First, Bronislaw Malinowski's solution, to place his (the anthropologist's) frustrations and tribulations into a diary, in order to protect his anthropological work; Laura Bohannan placing the anthropological observer on centre stage of her reconstruction of a foreign society thus sharing with her reader the anxieties, frustrations and value conflicts she went through. Third, the author gives an account of how he tried to make sense of what was going on when he had been stationed as a missionary in Papua New Guinea trying to figure out where, how and to what degree the people wanted him to be involved in their daily affairs. The paper closes with some observations on culture shock, culture stress and incompatibilities as experienced in intercultural ministry and development service.

Mission oder Proselytismus?

Religions- und Konfessionswechsel: Chancen und Widersprüche zum Wachstum einer jungen afrikanischen Kirche

Beobachtungen aus der Missionsgeschichte in der Zentralafrikanischen Republik am Beispiel der Église Evangélique Luthérienne de la République Centrafricaine

Markus Roser

Der Begriff *Proselyt* stammt aus dem hellenistischen Judaismus, bedeutet »*hinzugefügt*« und steht für den Fremden, der sich mit dem jüdischen Glauben und seiner Kultur vertraut gemacht hat und den letzten freiwilligen Schritt durch die Beschneidung an sich vollziehen ließ, um von der jüdischen Gemeinde akzeptiert und aufgenommen zu werden. *Proselytismus* ist dabei ein Prozess freier Wahl und Akzeptanz beider Seiten, sowohl die freie Wahl dessen, der einen religiösen Wechsel vollzieht und von der aufnehmenden Gemeinde akzeptiert wird, als auch die freie Wahl der aufnehmenden Gemeinde, sich gegenüber dem Aufnahmebereiten zu öffnen.[1]

Aufgrund der Globalisierung und der weltweiten Migrantenströme ist dem Thema *Proselytismus* in den letzten Jahren verstärkt Aufmerksamkeit geschenkt worden. Die lebenspraktischen Herausforderungen betreffen grundsätzliche Menschenrechte wie Religionsfreiheit, Meinungsfreiheit, kulturelle Integrität und politische Stabilität.

Proselytismus kann sowohl Religionswechsel als auch innerchristlicher Konfessionswechsel bedeuten. Bereits 1920 hat die Griechisch-Orthodoxe Kirche das Thema aufgegriffen, indem sie die protestantischen Missionen aufforderte,

[1] Proselytos – siehe Gerhard Kittel, Theologisches Wörterbuch zum Neuen Testament, Vol. VI, Stuttgart 1959, 727–745.

alle Formen des *Proselytismus* zu beenden. Andernfalls würden die zwischenkirchlichen Beziehungen zur Disposition gestellt. Im Jahr 1961 präsentierte eine Arbeitsgruppe des ÖRK in New Delhi der Vollversammlung eine Erklärung über »*Common Witness, Proselytism and Religious Freedom*«[2]. Die aktuellen Dialoge zwischen den orthodoxen und protestantischen Kirchen, den orthodoxen und der römisch-katholischen Kirche oder der römisch-katholischen Kirche und den Pfingstkirchen haben allesamt den *Proselytismus* als eines der dringendsten Themen auf ihrer Tagesordnung.[3]

Der vorliegende Forschungsbeitrag taucht ein in den dynamischen Wachstumsprozess einer jungen Kirche und fragt, wie die missionsgeschichtlichen Erfahrungen in den Diskurs eingebracht werden können. Anhand von drei Fallbeispielen aus der *Lutherischen Kirche in der Zentralafrikanischen Republik*[4] (EEL'RCA) sollen Einblicke in die bisweilen theologisch und ethisch äußerst fragwürdigen und ungewöhnlichen Mechanismen und Motivationen gegeben werden, die hinter dem Prozess stehen können, wenn sich Mission und Kirchenwachstum ereignet.[5]

Der historische Kontext konfrontiert uns mit dem Wirken amerikanischer und norwegischer Missionare, die mit der Missionsarbeit zuerst 1924 in Kamerun und ab 1930 in Französisch-Äquatorialafrika, heute die Zentralafrikanische Republik (ZAR), begonnen haben. Im Jahr 1973 löste sich die EEL'RCA als Nationalkirche von ihrer ursprünglichen kamerunischen Mutterkirche. Mit der Selbstständigkeit war die Erwartung verbunden, dass die Kirche im ganzen Land durch Gemeinden vertreten sein würde. Ein neues missionarisches Selbstbewusstsein erwachte, sodass man nicht nur den Migrationsbewegungen der eigenen Kirchenglieder nachfolgen wollte, sondern darüber hinaus den Glauben auch weiter nach Osten zu anderen Menschen tragen wollte. In wenigen Jahren gewann die Kirche fast 9.000 neue Glieder hinzu. Eine neue Region mit vier Kirchendistrikten im Norden und zwei weiteren Distrikten im Süden wurde hinzugefügt. Aufgrund des biologischen Wachstums sind daraus bis heute über 25.000 Kirchen-

[2] Paul Löffler, Proselytismus und die Zukunft der Ökumene, in: ÖR 23, 1974, 180–191.

[3] Vgl. John Jr. Witte/Michael Bourdeaux (Hg.), Proselytism and Orthodoxy in Russia. The New war for Souls, New York 1999. Veli-Matti Kärkkäinen, Ad ultimum terrae. Evangelization, Proselytism and Common Witness in the Roman Catholic Pentecostal Dialogue (1990–1997), Frankfurt 1999. Miroslav Volf, Fishing in the neighbor's pond: mission and proselytism in Eastern Europe, International Bulletin of Missionary Research, 1996.

[4] Église Évangélique Luthérienne de la République Centrafricaine, EEL'RCA, hat derzeit ca. 120.000 Mitglieder und gehört dem Lutherischen Weltbund an.

[5] Vgl. Markus Roser, Ce que nous avons vu et entendu, nous vous l'annonçons. Histoires(s) de l'Eglise Evangélique Luthérienne de la RCA, Baboua 1996, 159–168, 191–215.

glieder geworden. Wie kam es zur Entstehung dieser neuen Arbeitsgebiete in so kurzer Zeit?

1. Ethnische Querelen führen zum Glaubenswechsel und generieren Kirchenwachstum

Die heutige Nordregion der EEL'RCA grenzt an das Dreiländereck ZAR, Kamerun und Tschad. Die neue Arbeit der Lutheraner begann dort im Jahr 1972. Traditionell praktizierten die Menschen dieser Region entweder ihre Stammesreligion Gbaya, Pana oder Karé oder waren Glieder der Brüderkirche (*Église des Frères*) gewesen, die dort bereits seit 1921 arbeitete.[6] Das vorkoloniale interethnische Beziehungsgeflecht war durch die Sklavenjagden der Fulbe bestimmt gewesen. Die Gbaya waren größtenteils Vasallen der Fulbe und deshalb bei deren Razzien und Sklavenjagden aktiv beteiligt gewesen oder hatten selbst unter den benachbarten Völkern Sklaven gejagt. Über einen langen Zeitraum hinweg waren die Pana und Karé permanent Opfer dieses westafrikanischen Sklavenhandels gewesen. Zeitzeugen berichten:

> »Als die Mission der Brüderkirche ihre Arbeit in der Region von DeGaulle und Kaita begann wurden *pana*-Pastoren unter der *gbaya*-Bevölkerung eingesetzt. Die *pana*-Pastoren drehten jetzt den Spieß der alten Rollenverteilung um und missbrauchten ihr Amt gegenüber der *gbaya*-Bevölkerung. Immer wieder zogen sie Vorteile aus ihrer Führungsrolle in der Kirche. Dadurch fühlten sich die Gbaya unterdrückt und bedrängt.«[7,8]

Die lutherische Sudanmission näherte sich geographisch von kamerunischer Seite dieser Region. Aus politischen Gründen blieb es ihr jedoch verwehrt, die Grenze nach Französisch-Äquatorialafrika (heute ZAR) zu überschreiten. Die innerethnischen Kontakte der Gbaya über die Landesgrenze zwischen Kamerun und Zentralafrika hinaus ließen seit 1971 die Arbeit der lutherischen Kirche zunächst jenseits der Grenze in deren Blickfeld geraten. Dann aber wurden durch das zeitgleiche Zusammenwirken unterschiedlicher Faktoren Kontakte zur lutherischen Kirche im eigenen Land geknüpft und in einer Weise verstärkt, dass

[6] Unter der Leitung von James Gribble, Grace Brethren Church aus Winona Lake, United States, wurde die Missionsarbeit im Westen der heutigen ZAR seit 1921 organisiert.

[7] Interview mit Daina Philippe und Koulagna Joseph, Gbawé 24.12.1995.

[8] Interviews und deren Übersetzung ins Deutsche in diesem Aufsatz: Markus Roser.

dies zur Konversion von letztlich über 6.000 Gbaya von der Brüderkirche zur lutherischen Kirche in den kommenden Jahren führte. Die Menschen der Region begrüßten die lutherische Kirche als ihre »erste Liebe«.

Wie war das möglich? Welche Motive führten zu dem Konfessionswechsel so vieler Menschen in so kurzer Zeit? Zari Jaques und Kella Noel erzählen ihre Geschichte:

> »Seit Langem war die Beziehung zwischen Gbaya und Karé durch Rassismus geprägt. Die Machtverteilung innerhalb der Kirche war ungleich verteilt gewesen, da die Führungspositionen innerhalb der Brüderkirche von Karé besetzt waren und Gbaya keine Chance bekamen, führende Positionen einzunehmen. Das andere Problem war die permanente Unterdrückung einfacher Gemeindeglieder. Immer wieder hatten Gläubige zur Vorbereitung auf eine Kirchenkonferenz Geld gesammelt, um ein Rind zur Versorgung kaufen zu können. Es war dann oft so, dass die *pana*-Kirchenführer die besten Fleischstücke für sich behielten, während die einfachen *gbaya*-Gemeindeglieder gezwungen waren, ihr eigenes Essen mitzubringen. Ein ebenfalls sich öfter wiederholendes Muster war, dass die gbaya-Gemeindeglieder Geld für den Kirchenbau vor Ort gesammelt hatten, das die *pana*- oder *karé*-Pastoren mitnahmen, um ein Bauprojekt in ihrer Heimatregion abzuschließen. Sobald die *gbaya*-Gemeindeglieder dieses Geld für sich beanspruchten, wurden sie während der Gebetsversammlungen von den Pastoren bedroht, Gott würde sie strafen, wenn sie sich widersetzten. Ein weiterer Stein des Anstoßes war, dass die Gbaya, die sich widersetzten, mit Kirchenzucht bestraft oder einfach mit folgenden Worten weggejagt wurden: ›Geht, und schaut wo ihr mit eurer Kirche bleibt!‹«[9]

Ein weiterer Impuls für das Kirchenwachstum bestand in den Geschäftsbeziehungen zentralafrikanischer *gbaya*-Händler nach Kamerun. Obwohl diese Händler Glieder der Brüderkirche waren, nahmen sie während ihrer Aufenthalte in Kamerun an Gottesdiensten und Versammlungen der lutherischen Kirche teil. Beeindruckend war für sie nicht nur die andere Lehre, sondern sie lernten dort auch die Gottesdienste in ihrer Muttersprache Gbaya kennen und schätzen, während sie zu Hause in ihrer Heimatkirche unter ethnischen Querelen litten und sich mit *Sango*, der Nationalsprache, als Gottesdienstsprache abfinden mussten. Während einer ihrer Geschäftsreisen nach Carnot in den Südwesten der ZAR trafen sich Zana Antoine und Gomse Etienne mit dem lutherischen Evangelisten

[9] Interview mit Zari Jaques und Kella Noel, Ndankobera 15.1.1993.

Simon Mbangwen und dem amerikanischen Missionar Lloyd Smith in Méré-Boudoytoro. Die beiden ermutigten sie, einen offiziellen Brief an die Kirchenleitung in Baboua zu richten mit der Bitte, lutherische Gemeinden im Norden zu gründen. Mittlerweile eskalierten die ethnischen Querelen, nachdem *karé-* und *pana-*Pastoren einfache Gemeindeglieder mehrfach verflucht hatten. Die Vorfälle schlugen lokalpolitische Wellen und wurden auf der Unterpräfektur in Bocaranga verhandelt. Zwei Pastoren der Brüderkirche waren verhaftet worden. Zwischenzeitlich hatte die Kirchenleitung positiv auf den ersten Kontakt in Méré-Boudoytoro mit den beiden Händlern aus dem Norden und ihre Anfrage reagiert und eine Botschaft mit dem Ankunftsdatum einer ersten offiziellen Delegation angekündigt. Zu dieser Besuchsdelegation gehörten der damalige Vizepräsident und spätere Kirchenpräsident Zama Bernard sowie die beiden Missionare Lloyd Smith und Thomas Christensen. Am 24. 6. 1972 kamen sie nach Yadé. Ein Gottesdienst für alle, die beabsichtigten, sich der lutherischen Kirche anzuschließen, wurde gehalten. Vier Männer wurden ausgewählt, die zur Ausbildung an die Bibelschule nach Baboua geschickt werden sollten: Safa Elie, Kella Noel, Jean Yôh und Daina Philippe. Das Ziel war, ihnen eine Ausbildung zu geben, die sie in die Lage versetzte, alle diejenigen zu betreuen, die zur lutherischen Kirche konvertieren wollten. Die Brüderkirche, die von dem Besuch und dem Vorhaben Wind bekam, klagte gegen die Lutheraner. Der Unterpräfekt von Bocaranga nahm sich des Konfliktes an. Am 30. 10. 1973 wurde unter seiner Regie die Angelegenheit verhandelt. Die beiden Kirchenleitungen und Vertreter beider Parteien aus der Region waren einbestellt worden. Der Unterpräfekt bestand darauf, dass ein Abkommen zwischen den beiden Parteien unterzeichnet würde, das den Lutheranern erlaubte, in der Region zu evangelisieren. Zum Beschluss der Verhandlung ermutigte er die streitenden Parteien, nach Vorbild der traditionalen Versöhnungsriten miteinander zu trinken.[10]

[10] Versöhnungsriten unter den Gbaya und ihrer Nachbarvölker werden in der Regel mit einer gemeinsamen Mahlzeit besiegelt, bei der sowohl gegessen als auch getrunken wird. Die Speisen und Getränke reichen sich die zuvor verfeindeten und jetzt versöhnten Parteien kreuzweise zu. Für das Handeln des Unterpräfekten steht der traditionale Ritus *nôô-tôk*, Trinken von Blut, Pate. Vgl. Markus Roser, Hexerei und Lebensriten, Erlangen 2000, 263ff.

Beobachtungen

Die Arbeit der lutherischen Kirche im Norden entwickelte sich mit atemberaubender Geschwindigkeit. In nur wenigen Jahren konvertierten mehr als 6.000 Menschen, die meisten Konvertiten kamen aus der Brüderkirche. In den 1990er-Jahren sind allein in dieser Region aus dieser Arbeit Gemeinden mit insgesamt über 20.000 Gliedern entstanden. Unterschiedliche ineinander verflochtene Beweggründe veranlassten die Menschen zum Konfessionswechsel:

(1) Grundsätzliche ethnische Konflikte, unaufgearbeitete Verletzungen und alte Rechnungen aus der Vergangenheit belasteten die Arbeit in der Brüderkirche zwischen Gbaya und Pana bzw. Gbaya und Karé. (2) Mit den ethnischen Querelen stellte sich auch die Frage nach der Muttersprache. Die staatliche Administration unterstützte die benachteiligten Gbaya. (3) Der Ruf nach der lutherischen Kirche wirkte als Akt der Befreiung, denn die Menschen hatten sich aufgrund von Rassismus und Veruntreuung von Geldern seitens anders-ethnischer Pastoren unterdrückt gefühlt. (4) Familiäre Beziehungen und Handelsbeziehungen zu Menschen jenseits der zentralafrikanisch-kamerunischen Grenze und damit Kontakte und Erfahrungen mit der lutherischen Kirche in Kamerun initiierten und erleichterten den Schritt, die lutherische Kirche (EEL'RCA) zu rufen, um die Arbeit in der Nordregion aufzunehmen. (5) Die Kirchenleitung und die ausländischen Missionare hatten ein offenes Ohr für die Anfrage und signalisierten Bereitschaft, den Ruf zu beantworten. (6) Sie gingen bedacht vor, bildeten lokale Gemeindeleiter aus und setzten keine Leute von außerhalb ein. (7) Die äußeren Rahmenbedingungen waren günstig, denn es gab keine Gesetze, welche die neue missionarische Initiative blockieren konnten; anders die Situation der Baptistenkirche im zweiten Beispiel. Die Entscheidung des Unterpräfekten bestärkte die Menschen in ihrer Entscheidung. (8) Der Versöhnungsprozess zwischen den beiden Kirchen nach der Gerichtsverhandlung war eine zusätzliche positive Erfahrung, die eine friedliche Zusammenarbeit beider Seiten in der Zukunft ermöglichte.

2. Kleider können nicht durch eine Religion monopolisiert werden[11]

In nur wenigen Jahren – von 1973 bis 1977 – ist der Kirchendistrikt Niem in der Region Ost gleichsam aus dem Nichts (es hatte dort vorher überhaupt keinerlei Arbeit der lutherischen Kirche gegeben) von Null auf 17 Gemeinden mit insgesamt 1.400 getauften Gliedern angewachsen. Dies war nur möglich durch den plötzlichen Religionswechsel und die günstigen Rahmenbedingungen. Bouba André erzählt die Vorgeschichte:

> »Der Einfluss des Islam war in der Region Niem zwar nicht zahlenmäßig aber sozial dominierend. Niem lag in der Viehzuchtregion *»zone d'élevage«*, weshalb zahlreiche *fulbe*-Nomaden (Peul) mit ihren Viehherden massiv aus dem Tschad, Nigeria und Kamerun in die Region einwanderten. Sozial war die katholische Kirche durch verschiedene Werke sehr engagiert. Vor Ankunft der Lutheraner war dieses Gebiet seit 1960 in erster Linie durch die Arbeit der Baptistenkirche geprägt. Ich selbst war Katechet in der Baptistenkirche gewesen. Wir litten unter einer korrupten Finanzverwaltung und unter einer rassistischen Behandlung seitens der Kirchenführer uns Gbaya gegenüber. Der springende Punkt, der zur Trennung führte, war eine Kirchenkonferenz gewesen, auf der die Leiter einen Erlass beschlossen hatten, ungläubige Mitglieder nicht mehr in der Kirche zu tolerieren. Nach dieser Konferenz setzte Pastor Ayo, ein Banda, diesen Beschluss um und exkommunizierte eine Reihe von Gläubigen. Kurze Zeit später kam der lutherische Missionar John Gorder mit Pastor Yongoro Etienne zu einem Besuch nach Niem. Sie erklärten uns die lutherische Lehre. Was uns am meisten begeisterte, war die Kindertaufe gewesen. Viele Eltern hatten sich immer wieder bei den Baptisten beklagt, dass ihre Kinder nicht getauft würden.«

Zwei Verbote machten den Menschen in der schwedischen Baptistenkirche massiv zu schaffen: das Verbot, die Töchter an Muslime zu verheiraten, und das Verbot, einen langen Boubou zu tragen, ein in Westafrika weit verbreitetes Kleidungsstück, das traditionell als islamische Kleidung betrachtet wurde. Da die beiden Ethnien Gbaya und Fulbe bis in die 1970er- und auch noch in den 1980er-Jahren in der Region Niem in einer Art symbiotischer Beziehung zusammenlebten, kam es zu zahlreichen sozialen, wirtschaftlichen und religiösen Vernetzungen. So haben z. B. die Gbaya in dieser Region mit der Viehzucht nach dem

[11] Interviews mit Bouba André, Zaudi Jean und Gossé Bernard, Niem 7.2.1993.

Vorbild der Fulbe begonnen. Sie haben sich wie Fulbe gekleidet, ihre Töchter an Fulbe verheiratet und sind bisweilen auch zum Islam konvertiert. Die einfachen, ursprünglich von Subsistenzwirtschaft lebenden Gbaya gewannen dadurch enorm an sozialem Ansehen und Status. Zaudi Jean und Bouba André erzählen:

> »1973 hielt die Baptistenkirche in Yazangala eine Konferenz ab. Dort wurde beschlossen, dass alle, die ihre Tochter an einen Muslim verheiraten, aus der Kirche ausgeschlossen werden. Auch wurde es verboten, den Boubou, Zeichen islamischer Kleidung, im Gottesdienst zu tragen. Nachdem diese neuen Gesetze angekündigt waren, versammelten sich die Betroffenen. Sie sagten sich: Entweder werden wir Muslime oder wir holen uns eine andere Kirche, die unsere Interessen vertritt. Die Sache war noch nicht entschieden, wie es weitergehen sollte, als mein Vater (Vater von Zaudi) nach Bouar aufbrach, um dort mit dem Evangelisten André Wenmoia zu sprechen, der ihm das Wesen der lutherischen Kirche erklärte.«

Das Kirchengesetz der Baptistenkirche brachte die *gbaya*-Christen in die Bredouille. Einerseits gab es den Wunsch nach wirtschaftlichem und sozialem Aufstieg, während andererseits das Kirchengesetz klare Ansagen machte. Da die Bereitschaft zur Konversion zum Islam nur bei wenigen Menschen vorhanden war, spielte das Verbot, Töchter an Muslime zu verheiraten, nur eine untergeordnete Rolle. Auf völliges Unverständnis stieß das Gesetz, das das Tragen des langen Boubou untersagte.

Das neue Kirchengesetz der Baptisten verhinderte, dass die Menschen ihren neuen sozialen Status sichtbar nach außen zeigen konnten. Da sie das sozial und auch wirtschaftlich Erreichte nicht aufgeben wollten, weil es ihnen wichtig geworden war, blieb ihnen nur der Weg, in eine andere Denomination zu wechseln, die sich nicht darum scherte, welche Kleider sie trugen und ob diese »islamisch« genannt wurden. Die Deutung, bestimmte Textilien mit einer Religion in Verbindung zu bringen, wollten sich die Menschen nicht vorschreiben lassen. Da die Baptistenkirche aber genau das tat, war ein Massenexodus vorprogrammiert. Für die Gbaya der Region war der Boubou lediglich ein afrikanisches Kleidungsstück.

Zaudi Jean erzählt, wie die lutherische Kirche auf die Anfragen reagierte und die ersten Gemeinden gegründet wurden:

> »Es war 1974, als der Evangelist André Wenmoia und Pastor Etienne Yongoro zu einer Informationsreise in die Region Niem mit dem Ziel aufbrachen, lutherische Gemeinden zu gründen. Sie begannen in Sabewa an

der kamerunischen Grenze und arbeiteten sich bis nach Bouar vor. Dort berichteten sie Missionar John Gorder. Offiziell wurden die Gemeinden am 14.7.1974 gegründet. Um die Gläubigen in der lutherischen Lehre zu unterweisen, hatte Pastor Gorder aus jeder Gemeinde Freiwillige ausgewählt, die in Bouar zu Hilfskatecheten ausgebildet wurden. Zunächst wurden die Gottesdienste in den Häusern abgehalten. Als dann die Anzahl der Gläubigen anwuchs, wurden die ersten Kapellen und Kirchen gebaut. Viele sind zur lutherischen Kirche übergetreten. Darunter waren auch etliche in Polygamie Lebende, die in der Baptistenkirche nicht zum Abendmahl zugelassen waren. Wir verstanden die lutherische Lehre in erster Linie als Freiheit im Glauben, Liebe, Toleranz und gegenseitiger Solidarität. Das interessierte die Leute, in die lutherische Kirche überzutreten. Was die Gläubigen in der Baptistenkirche entmutigte war, dass sie den Zehnten bezahlten und dann nicht zur Taufe oder zum Abendmahl zugelassen wurden.«

Die lutherische Kirche war bereit, auf die Anfrage zu reagieren. Verschiedene Faktoren begünstigten den Konfessionswechsel. In Bouar, der Provinzhauptstadt der Präfektur Nana-Mambéré, hatte die lutherische Kirche gerade damit begonnen, eine neue Struktur aufzubauen, um der Migration ihrer Mitglieder aus den angestammten Kirchengebieten nachzufolgen. Dadurch war die lutherische Kirche durch unterschiedliche Angebote in den verschiedenen Stadtvierteln Bouars präsent, welche es ermöglichten, die von ihrer Kirche enttäuschten Menschen in der Region Niem, nordwestlich von Bouar, aufzufangen und neu zu orientieren.

Beobachtungen

Im Einzelnen wurde der Konfessionswechsel in der Region Niem durch das Zusammenwirken folgender Faktoren begünstigt:

(1) Die eben erst unabhängig gewordene Kirche (1973) hatte ein neues Selbstbewusstsein gewonnen. (2) Im Jahr 1947 war zwischen den ausländischen Missionsleitungen, der lutherischen *Sudan Mission* und den schwedischen Baptisten nach jahrelangen Grenzstreitigkeiten ein Vertrag geschlossen worden, der das Aktionsgebiet der einzelnen Missionen klar definierte und den Nanafluss als Grenze anerkannte.[12] Die neue afrikanische Kirchenleitung sah sich an diesen

[12] John Magnussen schrieb am 24.3.1947 an die Leitung der Sudan Mission in Meiganga, Kamerun: »Comme des frères chrétiens, nous essayons de régler nos conflits fraternellement et acceptons le com-

alten Vertrag zwischen ausländischen Missionen nicht mehr gebunden. (3) Aufgrund des hohen Bevölkerungswachstums und der damit verbundenen Migration vieler Gemeindeglieder in die urbanen Zentren im Osten jenseits des Nanaflusses sah sich die Kirchenleitung in der Pflicht, ihren Gemeindegliedern nachzufolgen, um sie geistlich versorgen zu können. Aus diesem Grund wurden Katecheten und Evangelisten nach Bouar entsandt, mehrere Kirchen und später auch ein Jugendzentrum (1974) gebaut. (4) Neue logistische Möglichkeiten wurden durch die Präsenz amerikanischer Missionare, ab 1973 in Bouar, gewährleistet. So war es z. B. möglich, Schulungen vorzunehmen und innerhalb der Region Katecheten aus der Region aus- und weiterzubilden. (5) Die Kirche war deshalb nicht gezwungen, Personal von außen in das Gebiet von Niem zu bringen, sondern konnte sensibel und direkt mit den Menschen vor Ort arbeiten. Neue ethnische Querelen oder Konflikte wurden so von vornherein ausgeschlossen.

3. Über Kirchenzucht und Moral[13]

Das dritte Beispiel zum Glaubenswechsel betrifft das Thema Umgang mit Mitarbeitern, Korruption, Moral und Kirchenzucht. In nur wenigen Jahren wurde in der Region von Banguérem ein neuer Kirchenbezirk mit mehr als 1.500 getauften Mitgliedern in einem neuen geographischen Gebiet gegründet, in dem die lutherische Kirche zuvor nicht gearbeitet hatte. Wie bereits beim vorangehenden Beispiel, so ist auch hier die Arbeit der schwedischen Baptistenkirche betroffen. Diese hatte seit 1939 in der Gegend von Banguérem gearbeitet. Kennzeichen ihrer missionarischen Arbeit war ihre klar definierte Ethik, verbunden mit einer strengen Kirchenzucht.

Die in Polygamie lebenden Männer und alle, die sich einer aktiven Gemeindearbeit verweigerten, wurden aus der Kirche ausgeschlossen. Neben der Polygamie war z. B. das Nicht-Bezahlen des Zehnten ein Grund zur Exkommunikation. Auslöser für die Arbeit der lutherischen Kirche in der Region von Banguérem waren die Streitigkeiten um den Evangelisten Mboula François. Er sah sich als

promis suivant de respecter les frontières de nos champs d'actions entre la limite des subdivisions de Baboua et de Bouar.« Archiv der Sudan Mission, Baboua.

[13] Interviews mit Kowan Jean-Marie, Sakara 4. 1. 1993, und Mboula François, Banguérem 4. 1. 1993. Vgl. Abschlussarbeit von Jean-Claude Sarpandé, Histoire du district Banguérem, Ecole de Théologie, Baboua 1993.

Opfer von Nepotismus und Korruption. Als Konsequenz seiner Opposition gegen die Kirchenleitung wegen seines nicht ausbezahlten Gehaltes wurde er nicht nur als Evangelist entlassen, sondern auch als Kirchenmitglied unehrenhaft aus der Kirche ausgeschlossen.

Wie kam es zum Religionswechsel einer so großen Zahl von Menschen und zur Gründung dieses neuen Distriktes? Kowan Jean-Marie erzählt die Vorgeschichte.

> »Wir waren 12 Bibelschüler an der Bibelschule der Baptistenkirche in Doaka, die von einem deutschen Lehrer unterrichtet wurden. Eines Tages traf eine Kleiderspende aus dem Ausland ein, die unter den Studierenden aufgeteilt werden sollte. Zwei Pastoren behaupteten, dass ich einen größeren Anteil erhalten hätte, da der deutsche Lehrer mich mochte und bevorzugte. Schließlich wurde ich aufgrund dieses Streites von der Schule entlassen und hatte danach keine Aussicht mehr, auf die Pastorenschule nach Carnot zu kommen. Nach meiner Entlassung arbeitete ich für zwei Jahre als Evangelist in Yaboni. Wegen des Streites um die Kleiderspende kam es in der Folgezeit immer wieder zu Reibungen mit meinen Vorgesetzen in der Baptistenkirche. Das hat mich gequält und mich schließlich dazu veranlasst, die Baptistenkirche zu verlassen. Daraufhin habe ich mich mit Mboula François zusammengetan, der erst kurz vorher aus der Baptistenkirche entlassen worden war, um zu beraten, ob wir die lutherische Kirche zur Arbeit in unserer Region einladen sollten. Ich wusste, dass es seine ursprüngliche Kirche gewesen war, denn noch zu Kolonialzeiten hatte Mboula in Gobolo in der Kommune Abba gearbeitet, um dort Gold und Diamanten zu schürfen. Während dieser Zeit hatte er Kontakt zu den Lutheranern gehabt, die dort bereits seit 1930 arbeiteten. Während dieser Zeit hatte er sich auch taufen lassen. Nach seiner Rückkehr in seinen Heimatort Sakara musste er sich der Baptistenkirche anschließen, da es dort keine Lutheraner gab.«

Mboula François, ehemaliger Evangelist der Baptistenkirche in Sakara erzählt die Geschichte aus seiner Perspektive:

> »Es war zu Weihnachten 1976. Wie an allen großen Festen fiel besonders an Weihnachten die Kollekte üppiger als sonst aus, sodass die Mitarbeiter der Kirche gewöhnlich für die Arbeit des zurückliegenden Jahres bezahlt wurden. Aber an Weihnachten 1976 bekam ich kein Gehalt ausbezahlt. Ich beklagte mich bei meinem vorgesetzten Pastor wegen der ungleichen Behandlung. Doch dieser warf mich mit Zustimmung der Ältesten, ich sei dickköpfig, einfach aus der Kirche hinaus.«

Zurück in seinem Heimatort dachte Mboula François darüber nach, wie er in Gobolo zum Glauben gekommen und getauft worden war. Nachdem ihn Kowan Jean-Marie wegen seiner eigenen Enttäuschungen konsultiert hatte, beschlossen sie, Kontakt zu Zama Bernard und Elie Barbou, dem Kirchenpräsidenten der lutherischen Kirche und seinem Stellvertreter, zu knüpfen und sie zu bitten, mit der Arbeit der lutherischen Kirche in ihrer Region zu beginnen. Ihr Anliegen wurde mit dem Hinweis auf das Abkommen zwischen Lutheranern und Baptisten abgelehnt, das die Missionare 1947 geschlossen hatten und besagte, den Nanafluss als Grenze zu respektieren. Die Argumentation dieser Ablehnung war jedoch bereits zu diesem Zeitpunkt nicht mehr kohärent, denn die lutherische Kirche hatte längst im Norden in der Region von Bocaranga und im Osten in Bouar und Niem zu arbeiten begonnen und war auf das ursprüngliche Gebiet der Baptisten vorgedrungen. Der Hintergrund ihrer Ablehnung wird aber wohl eher darin zu finden sein, dass aufgrund der neuen laufenden missionarischen Projekte im Norden und Osten – vom traditionellen Arbeitsgebiet der Lutheraner aus gesehen – die Kraft, weiteres Personal für zusätzliche neue Expansionen einzusetzen, einfach nicht vorhanden war und es die Kirche schlichtweg überforderte, sich auf weitere neue prospektive Arbeitsfelder einzulassen.

Mboula François ersinnt eine List, die der Philosophie der *gbaya*-Mentalität als segmentärer Gesellschaft entspricht. Sobald die Strukturen versagen bzw. der eigenen Intention zuwiderlaufen, wird nach einer individuellen Lösung gesucht, in der nicht das Amt, sondern das individuelle Charisma zum Tragen kommt.[14] Enttäuscht von der Baptistenkirche und deren Kirchenleitung hatte sich Mboula François an die lutherische Kirche gewandt. Als es ihm nicht gelang, sie für sein Anliegen zu gewinnen, arbeitete er unbeirrt von der kirchenleitenden Absage auf örtlicher Basis mit dem benachbarten Distriktpastor und den Menschen im angrenzenden Kirchenbezirk der lutherischen Kirche in Bingué zusammen. Von dieser Seite erhoffte er sich Unterstützung, die ihm schließlich auch gewährt wurde.

Über zwei Jahre unterzog sich Mboula François einem Lernprozess, der ihn nach Kotogo in den Distrikt Bingué führte, wo er mit dem Katecheten Zekpet

[14] Der Anthropologe Philip Burnham hat in verschiedenen Publikationen den individuellen Charakter als soziologisches Schlüsselelement der akephalen und egalitären *gbaya*-Gesellschaft herausgearbeitet. Die Autorität eines Höhergestellten wird dann akzeptiert, wenn sie durch sein Charisma und nicht durch sein Amt gedeckt ist. Bei Interessenkonflikten werden immer individuelle Lösungen zum Erreichen persönlicher Ziele gesucht. Vgl. Philip Burnham, Opportunity and Constraint in a Savanna Society, London 1980; Ders., The politics of cultural difference in Northern Cameroon, Edinburgh 1996.

Matthieu zusammenlebte und durch ihn die lutherische Theologie und Liturgie erlernte. Nach zwei Jahren ernannte ihn der Bezirkskirchenrat Bingué zum Katecheten von Kotogo. Nach einer Phase der praktischen Erfahrung und Erprobung als Katechet stellte er den Antrag, in seine Heimatregion nach Sakara zurückkehren zu dürfen. Es kam zu einer Konsultation mit dem Bezirkskirchenrat und dem Distriktspastor Marc Bega, die zum Ergebnis hatte, dass die beiden zu einer Prospektionsreise in die Region Banguérem geschickt wurden, um herauszufinden, wie viele Gläubige von der Baptistenkirche ausgeschlossen worden waren. Nach dieser Reise (1980) präsentierten sie ihre Ergebnisse dem Bezirkskirchenrat Bingué auf der Konferenz in Zarami. Einige Ratsmitglieder widersprachen entschieden dem Vorhaben, neue Gemeinden in Banguérem zu gründen, denn sie fürchteten sich vor einem Konflikt mit der Baptistenkirche. Unter emotionaler Betroffenheit trugen einige der Konferenzgäste aus Banguérem ihr Anliegen vor und schilderten, wie sie aus der Baptistenkirche ausgeschlossen worden waren. Ihr Hauptargument war, dass eine Kirche im Geiste Jesu gerade für Ausgestoßene da sein sollte. Deshalb drängten sie auf die Gründung lutherischer Gemeinden in Banguérem. Die Bedenken der Kritiker konnten damit aber immer noch nicht ausgeräumt werden. Es blieb dabei, sodass zu diesem Zeitpunkt keine Entscheidung gefällt werden konnte.

Mboula François erzählt weiter:

> »Mit dem Ergebnis der Konferenz in Zarami konnten wir uns nicht abfinden. Wir hingen regelrecht in der Luft. Deshalb machte ich mich einige Monate später mit Kowan Jean-Marie, Zombo Fidèle, Gbéréssamba Lazare, Nderke Etienne und Sitok Joseph auf, um den Distriktspastor Marc Bega während seiner *Tournée pastorale* in Begbandio abzupassen und ihm erneut unsere Lage und unser Problem mit der Baptistenkirche zu schildern, weshalb wir unbedingt die lutherische Kirche nach Banguérem rufen wollten. Pastor Marc Bega zeigte Verständnis für uns und versprach, eine pastorale Delegation zusammenzustellen, die zu einer geistlichen Rüste nach Banguérem kommen sollte. Als Begründung für seine Idee gab er vor, die Bereitschaft und den Willen zu testen, wie ernst es den Leuten wirklich ist, die lutherische Kirche in Banguérem aufzunehmen. – Die *retraite spirituelle* begann am 28.12.1979. Pastor Bega hatte eine fünfköpfige Gruppe zusammengestellt, bestehend aus Keman Nicolas, Bouba Paul, Doko Albert, Ndongué Albert und Goma Matthieu, die durch den Chor aus Nahin begleitet wurde. Geleitet wurde die Delegation von mir als Ortskundigem. Wir starteten in Yaboni und besuchten in zwei Wochen über zehn Dörfer bis hinunter nach Sanda. In den meisten Dörfern wurde uns ein überwältigender Empfang bereitet. Die Mitglieder

> der Delegation erklärten, wie die lutherische Kirche arbeitet. Der Chor sorgte für die Animation. Am 19.1. waren wir wieder zurück in Bingué und berichteten dem Bezirkskirchenrat über die Bedeutung unserer Reise und die Möglichkeiten in Banguérem.«

Eine weitere Kirchenkonferenz wurde anberaumt. Diese fand am 26.3.1980 erneut in Zarami statt. Zahlreiche Gläubige aus der Region Banguérem folgten der Einladung. Sie drängten darauf, eine ihr Anliegen betreffend günstige Lösung zu finden. Mboula François berichtete von der Prospektionsreise Anfang Januar 1980, sprach bereits von einer neuen Gemeinde in Banguérem und bezifferte die von den Baptisten ausgestoßenen Menschen. Noch während dieser Konferenz entschied der Bezirkskirchenrat Bingué, dass am 10.5.1980 eine geistliche Rüste in Banguérem stattfinden und Mboula François als Katechet in Banguérem (dem Zentrum der Region) eingesetzt werden sollte, um von dort aus die Arbeit in den einzelnen Gemeinden zu betreuen, Mitarbeiter auszubilden und anzuleiten. Kurze Zeit später brach Pastor Marc Bega mit einigen Ältesten aus Bingué zu einer Kontaktreise nach Banguérem auf, sammelte in jedem Dorf die Interessierten und bestimmte jeweils einen Verantwortlichen aus jeder Gemeinde, der auf der geistlichen Rüste seine jeweilige Gemeinde vertreten sollte. In dem Bericht heißt es:

> »Als Verantwortliche wurden folgende Personen ernannt: In Yaboni: Yoro Maurice mit 33 Interessierten; in Nambena: Ndeke Etienne mit 42 Interessierten; in Domzoro: Kaya Paul mit 10 Interessierten; in Zaorowar: Mafuta Lazare mit 2 Interessierten; in Banguérem: Zombo Fidèle mit 45 Interessierten; in Sakara wurde zunächst Zanaka Robert ausgewählt; als dieser jedoch wegen des Engagements seines Bruders in der Baptistenkirche ablehnte, wurde er durch Sarpandé Jean-Claude ersetzt; es gab dort 41 Interessierte; in Nagbengué: Ngando Bosco mit 33 Interessierten wurde später durch Mamadou Michel ersetzt; in Bogaya: Zidéké Matthieu mit 11 Interessierten; in Bokadé: Guéza René mit 15 Interessierten und in Sanda 10 Interessierte ohne Verantwortlichen. In allen Dörfern gehörten die Häuptlinge (*chefs de village*) zu den Interessierten. Sie waren ausnahmslos polygam.«[15]

Alle bisher genannten Aktivitäten des Distriktes Bingué in Banguérem geschahen ohne Wissen und Zustimmung der Kirchenleitung. Von wenigen Ausnahmen abgesehen waren die Interessierten und nicht nur die Häuptlinge allesamt

[15] Die Zahl der Interessierten erfasst nur die Männer ohne die Frauen und Kinder.

polygam. Festzuhalten ist in diesem Zusammenhang, dass die Polygamie in der Region Banguérem keine historischen Wurzeln hatte. In der Regel waren die Gbaya der Waldsavanne auch in vorkolonialer Zeit nicht polygam gewesen. Erst durch das Eindringen des Islam wurde die Polygamie im Siedlungsgebiet der Gbaya als Zeichen des sozialen Aufstiegs zunehmend attraktiv. Im Grunde waren es nur die Häuptlinge gewesen, die polygam lebten. Abba, ca. 80 km westlich von Banguérem gelegen, war die südöstliche Spitze des Fulbereiches gewesen. Bis zu Beginn der Kolonialzeit, Anfang des 20. Jahrhunderts, war es dort üblich gewesen, die Häuptlingssöhne zur Ausbildung und Islamisierung zum *Laamido* nach Ngaoundéré in Nordkamerun zu schicken. Banguérem ist davon unberührt geblieben. Darüber hinaus mag sicherlich aufgrund der geographischen Nähe und des kulturellen Austausches das Verhaltensmuster der Häuptlinge abgefärbt haben. Was aber auf jeden Fall einen viel größeren Einfluss in Banguérem hatte, war die zunehmende Präsenz ausländischer muslimischer Diamantenhändler im letzten Viertel des 20. Jahrhunderts. Durch das Schürfen von Diamanten entlang des Mambéré hatte sich das Sexualverhalten der Bevölkerung massiv verändert. Mit den vielen neuen Glücksrittern, die in die Gegend kamen, verbreiteten sich in der Region Prostitution und Promiskuität. Aufgrund der zunehmenden ethnischen Durchmischung der Bevölkerung im Diamantengebiet ist die soziale Kontrolle in der Gesellschaft, die Prostitution und Promiskuität mit Tabus und harten Sanktionen belegt hatte, regelrecht zusammengebrochen. Die Polygamie hatte in diesem Kontext einen guten Nährboden. Sie wurde zunehmend als ein Zeichen von sichtbarem wirtschaftlichem und sozialem Erfolg gesehen. Die Kirche hatte der rasanten Entwicklung außer strengen Verboten, Sanktionen oder Ausschluss nichts entgegenzusetzen.

In der Zwischenzeit waren in den Dörfern kleine Kirchen und Kapellen mit lokalen Baumaterialien gebaut worden. Pastor Marc Bega aus Bingué unternahm einige Monate später (26. 12. 1980–7. 1. 1981) eine weitere Reise nach Banguérem mit dem Ziel, Abendmahlsgottesdienste zu feiern und dabei neue Gemeinden zu gründen. Mboula François erzählt:

> »Am 27. 12. kam Pastor Marc Bega in Yaboni an. Er feierte den Gottesdienst mit 33 Personen, von denen 20 polygam waren. Sie wurden vom Pastor gesegnet und aufgenommen. Die nächste Station war am 29. 12. Nambena, wo 43 Personen gezählt wurden, von denen 17 polygam waren. Alle wurden sie Mitglieder der lutherischen Kirche. Am 30. 12. wurde der Gottesdienst in Domzoro mit 10 Personen gefeiert, unter denen 3

> polygam waren. Noch am selben Tag ging der Pastor nach Zaorowar weiter, um schließlich Banguérem zu erreichen. In Zaorowar wurde der Gottesdienst mit Mafuta Lazare und weiteren Personen gehalten. Die Gemeinde Banguérem wurde schließlich am 1.1.1981 gegründet. Im Gottesdienst wurden 45 Personen aufgenommen, unter denen sich 12 polygame befanden. Zombo Fidèle wurde zum Gemeindeleiter ernannt. Am 2.1. wurde der Gottesdienst in Gbangazi gefeiert und 22 Personen aufgenommen. Am 3.1. wurde die Gemeinde Sakara gegründet und im Gottesdienst 41 Personen aufgenommen, unter denen 12 polygam waren. Sarpandé Jean-Claude wurde als Gemeindeleiter eingesetzt. In Ngbengué wurde am 4.1. der Gottesdienst mit 32 Personen gefeiert, von denen 20 polygam waren. Kowan Jean-Marie wurde hier als Gemeindeleiter eingesetzt. Einen Tag später wurde Bogaya mit 18 Personen und 5 polygamen gegründet. Am 6.1. kam es zur Gründung von Bokadé. Dort wurden 13 Personen aufgenommen, 6 polygame eingeschlossen. Gueza René wurde zum Gemeindeleiter ernannt. Am 7.1. beendete Marc Bega seine Reise mit dem Gottesdienst in Sanda, an dem 10 Personen teilnahmen. Sanda bekam keinen eigenen Leiter, sondern wurde von Bokadé aus betreut.«

Nach der Gründung der ersten lutherischen Gemeinden ließen Konflikte nicht lange auf sich warten. Sakara reklamierte für sich den Titel »paroisse« und wollte nicht länger »congrégation« heißen. In der Struktur der EEL'RCA wird eine »congrégation« mit einem Katecheten und eine »paroisse« mit einem Evangelisten besetzt. Für den Fall, dass die Region Banguérem zu einem Distrikt würde, könnte die »paroisse« damit rechnen, Distriktsitz zu werden und mit einem Pastor besetzt zu werden. Sakara begründete seine Forderung mit dem Argument, dass Mboula François aus Sakara stamme und er es doch war, der die lutherische Kirche nach Banguérem geholt hatte. Schließlich musste wieder der Bezirkskirchenrat von Bingué intervenieren, der den Beschluss fasste, dass bei der nächsten geistlichen Rüste ein Kollektenwettbewerb zwischen den beiden Gemeinden ausgetragen werden sollte. Die Gemeinde mit dem höheren Opfer sollte den Titel »paroisse« bekommen und künftiges Distriktzentrum werden.

Ein weiterer Konflikt entzündete sich an der Opposition der baptistischen Kirchenleitung, die sich gegen die neue Kirchenpflanzung der Lutheraner wehrte. Da nicht nur Exkommunizierte, sondern auch eingetragene Mitglieder die Baptistenkirche verließen und sich der neuen Kirche anschlossen, sank die Mitgliederzahl der Baptisten beträchtlich. Die lutherische Kirche wurde daraufhin als »Sekte« bezeichnet. Pastor Marc Bega erklärte die Herausforderung zum Glaubenskampf. In diesem Zusammenhang soll er das Bildwort aus der Erfahrungswelt der Gbaya geprägt haben, das die Leute in Banguérem nach Jahren der Gründung immer noch weitererzählen:

> »Alle Kirchen, die den Tod und die Auferstehung Christi von den Toten verkündigen, jagen freies Wild. Dieses Wild gehört nicht den Kirchen, sondern dem Besitzer der Jagd, welcher ist Jesus Christus.«

Auch wenn die Gbaya sukzessive mit dem Ackerbau begonnen hatten, so blieben sie, zumal in der wildreichen Gegend von Banguérem, in ihrer Denk- und Bilderwelt definitiv ein Jägervolk. In dem weiten und dünn besiedelten Gebiet um den Mambéré hatte jeder die Freiheit, wann und wo er wollte zu jagen. Marc Bega wendet sich durch seinen Vergleich mit der Jagd gegen jeden Besitzanspruch oder einseitige Monopolisierung der Menschen seitens der Baptistenkirche.

Seit 1982 arbeitete permanent ein Pastor in Banguérem. 1984 wurde es zu einem selbständigen Distrikt. Über viele Jahre sollte es ein sehr schwieriges Arbeitsfeld bleiben.

Beobachtungen

Die Verantwortlichen der Kirchenleitung in der lutherischen Kirche hatten ihre Augen vor den Ereignissen in Banguérem verschlossen. Im Grunde waren die neuen Gemeindegründungen der Lutheraner nicht nur eine Provokation gegenüber den Baptisten, sondern auch ein Eigentor der Lutheraner. Die Nicht-Tolerierung der Polygamie war stets eine moralische Größe beider Kirchen gewesen. Die Kirchen steckten hier in einem schier unauflöslichen Dilemma. Dass die Polygamie in einem Gebiet in diesem Ausmaß auftrat, in dem sie traditionell nicht verbreitet gewesen war, und nicht in der ersten Generation der Christianisierung, sondern in der dritten Generation auftrat, war ein Phänomen, das die Kirchen schlichtweg überforderte. Auch wenn die Menschen Kontakt zum Evangelium hatten und nominell Christen geworden waren, so waren sie dennoch in ihren Denkstrukturen immer noch sehr stark von der traditionalen Religion her bestimmt. Die Baptistenkirche war mit der galoppierenden Zunahme der Polygamie in einer Weise überfordert, dass sie weder im Vorfeld durch eine einladende Katechese und lebendige Jüngerschaft die Menschen gewinnen und von dem Vorteil einer gelingenden Monogamie überzeugen noch die inzwischen polygam gewordenen Menschen seelsorgerlich begleiten konnte. Die Geschichten der polygam lebenden Erzväter und Könige im Alten Testament standen in schroffem Gegensatz unvermittelt neben den moralischen Forderungen der Kirche. Genau an diesem Punkt konnten die traditionalen Denkstrukturen ins Spiel kommen. Das göttliche Gebot konnte nicht durch eine moralische Forderung gedeckt werden. Wenn im traditionalen Kontext der Gbaya ethisches Verhalten eingehalten werden soll, so muss es mit einem Tabu belegt werden. Die Gbaya verwenden dazu den Begriff *zim*. Für die menschlichen Gebote steht der Begriff *hembea*. Der entscheidende Punkt ist deshalb der, dass ein menschliches Gebot *hembea* gebrochen werden kann, solange es keiner merkt, sich beschwert oder dies eben aufgrund der äußeren Strukturen nicht einfordern kann. Es besitzt keine innere Notwendigkeit. Ein Tabu *zim* wird hingegen nicht aufgrund äußerer Macht von Menschen geahndet, sondern steht im Horizont der Geister, Dämonen und Götter und entzieht sich der menschlichen Manipulation.[16] Die Baptistenkirche hatte, zumindest für die Menschen so wahrnehmbar, auf der Ebene des *hembea* gearbeitet, welches hinsichtlich der persönlichen Interessen- und Zielkonflikte für den Einzelnen nicht bindend war. Auf der anderen Seite stand das Versäumnis und Unvermögen der seelsorgerlichen Begleitung, der nach den moralischen Bewertungen fallen gelassenen oder sanktionierten Menschen.

Ein weiteres Kennzeichen der segmentären *gbaya*-Gesellschaft lässt sich in dem komplexen Prozess des Glaubenswechsels und der Gemeindegründungen in Banguérem erkennen. Es ist das Phänomen des *passiven Widerstandes*. Bereits angesprochen wurde, dass sich Autorität in der *gbaya*-Gesellschaft nicht auf das Amt, sondern nur auf die innere Autorität, das Charisma des Amtsträgers stützen kann. Im Zielkonflikt wird dann die Herausforderung oder der Kampf mit einem stärkeren Gegenüber einfach nicht aufgenommen, sondern durch passiven Widerstand eine neue, andere Lösung gesucht. Das war das klassische Verhaltensmuster seit vorkolonialen Zeiten, und zwar den stärkeren Fulbe gegenüber. Es war auch das klassische Muster der Konfliktregelung innerhalb der traditionellen *ndók-fùù*-Residenzgruppe, die einen Konflikt nicht durch mühsame Beziehungsarbeit aufarbeitete und austrug, sondern durch Trennung einfach ignorierte und zur Tagesordnung überging.[17] Dasselbe Muster kann auch heute in dem unseli-

[16] Vgl. hierzu Theo Sundermeier, Das Unglück als Gewissen, Scham und Schuld in afrikanischen Religionen, in: Jan Assmann, Schuld, Gewissen und Person. Studien zum Verstehen fremder Religionen, Gütersloh 1997, 203–211.

[17] Philip Burnham spricht vom *gbaya*-Individualismus, obwohl der Begriff des Individualismus in der grundsätzlich gemeinschaftsorientierten *gbaya*-Gesellschaft irreführend ist. Burnham schreibt dazu: »The analysis of the fluid and non-corporate structure of Gbaya local descent-based groupings is a key

gen Rebellenbuschkrieg im Verhalten der zentralafrikanischen Armee gegenüber der Rebellenbewegung *Séléka* beobachtet werden. Wird einer der miteinander streitenden Gegner als stärker eingeschätzt, so kommt es nicht zur bewaffneten Auseinandersetzung, sondern die schwächere Gruppe zieht sich zurück, überlässt dem stärkeren Gegner kampflos das Feld, löst sich auf oder flieht.[18] Genau dieses Verhaltensmuster des passiven Widerstandes im Konfliktfall und der individuellen Lösungssuche außerhalb der vorgegebenen Strukturen ist in dem Prozess des Religionswechsels und der Gemeindegründungen zu erkennen.

Ein weiteres Moment, welches den gesamten Prozess der Gemeindegründungen in Banguérem begünstigt haben mag, liegt möglicherweise auch in einem persönlichen Ehrgeiz des Distriktpastors Marc Bega begründet. Den Konflikt mit der Baptistengemeinde und auch die anfänglich ausgesprochene Ablehnung der eigenen Kirchenleitung ignorierend hatte sich Marc Bega auf die Anfrage aus Banguérem eingelassen. Mit moderatem Energieaufwand und geringem eigenem Kräfteeinsatz konnte er die in Banguérem schlummernden Potentiale und Kräfte sich entfalten lassen. Hatten sich Zama Bernard und Elie Barbou in abwechselnder Funktion als Präsident und Vizepräsident der Kirche für die Expansionen im Norden und Osten eingesetzt, so konnte Marc Bega als Distriktspastor auf den Beginn der Arbeit in Banguérem unter seiner Regie verweisen. Bereits ein Jahr nach den offiziellen Gründungen in Banguérem wurde Marc Bega von der 1982 in Fambélé tagenden Generalsynode zum neuen Kirchenpräsidenten gewählt. Welche Rolle dabei die Expansion in Banguérem gespielt hat und seine Kandidatur beeinflusste, ist nicht mehr zu eruieren. Mit Sicherheit ist aber zu sagen, dass dadurch seine Position deutlich gestärkt wurde.

Theologisch ist anzumerken, dass die lutherische Kirche ihre Vorgehensweise und ihr Verhalten in der Retrospektive als gegenseitige Ermutigung, geistliche Seelsorge, Heilung von Schuld und Sünde, freier Gnade, Vergebung und Heilung durch den Glauben an Jesus Christus zu legitimieren versuchte. Gleichzeitig

feature of the Gbaya social system. Today as in the past, the mobile and contingent character of Gbaya residential organization plays an essentially conservative role in Gbaya life, rendering political leadership and economic cooperation problematic and insulating against externally generated attempts to recognize Gbaya society.« Aus: Philip Burnham, Changing Agricultural and Pastoral Ecologies in the West African Savanna Region, in: D. R. Harris, Human Ecology in Savanna Environments, London 1980, 84ff. Vgl. dazu Ders., Spatial mobility and political centralization in pastoral societies, in Pastoral production and society, Maison des Sciences de l'Homme, Paris 1979, 349–360.

[18] Vgl. dazu den Blog der TAZ, einem Vergleich des Buschkrieges der Séléka-Rebellenbewegung in der ZAR mit der M23 im Norden des Kongo im Dezember 2012: http://blogs.taz.de/kongo-echo/2012/12/29/goma-2012-bangui-2013/.

wurde die Baptistenkirche angeklagt, moralisch und rigoros zu handeln und die Schwachen auszuschließen. Diese Anklage seitens der Lutheraner einer letztlich Christus-feindlichen Kirchenzucht könnte als eine Unterminierung der Arbeit der Baptistenkirche ausgelegt werden, war inhaltlich auf die eigenen Ansprüche und Arbeit bezogen äußerst fragwürdig und letztlich im Kontext eines angestrebten auskömmlichen ökumenischen Miteinanders äußerst ungeschwisterlich. Dass die Gnade in der Nachfolge Jesu Christi auch etwas kostet, davon war bei alledem keine Rede.[19]

Aber welche Alternative hätten die Lutheraner denn gehabt? Hätten sie zuschauen sollen, bis alle von den Baptisten Exkommunizierten Muslime geworden wären? Die ethnische Matrix, dass Konflikte tendenziell durch Trennung gelöst werden, kann nicht einfach ignoriert werden. Die Frage nach der inneren Beziehung zwischen Glaube und Kultur muss hier gestellt werden. Muss die Kultur der Gbaya eine Veränderung durch das Evangelium erfahren, weil Ökumene so wichtig ist? Oder ist gerade die Vielfalt, das Aushalten und Austragen von Konflikten mit der Perspektive einer theologischen Bereicherung Kennzeichen lebendiger Ökumene?

Zusammenfassung

(1) Lutheraner und Baptisten waren mit denselben ethischen Vorgaben der Nicht-Toleranz der Polygamie angetreten. (2) Beide waren aber mit dem Eintreten und der Zunahme der Polygamie überfordert. (3) Die moralischen Forderungen der Baptistenkirche waren nicht einladend vermittelt worden und (4) für die Menschen nicht bindend gedeckt. Die kulturelle Differenzierung in verschiedene Ebenen, in ein menschliches Gesetz *hembea* und göttliches Gebot *zim*, waren theologisch und interkulturell nicht berücksichtigt worden. (5) Der Prozess des Glaubenswechsels lässt das Phänomen des passiven Widerstandes als Kennzeichen der segmentären *gbaya*-Gesellschaft erkennen. Dazu gehören als durchgängige Muster: Charisma, die Nicht-Anerkennung des Amtes und die Konfliktregelung durch Trennung. (6) Persönlicher Ehrgeiz der Akteure spielte genauso eine Rolle wie (7) das Angebot einer Theologie der Gnade.

[19] Zur teuren und billigen Gnade vgl. Dietrich Bonhoeffer, Nachfolge, München 1983.

Fazit

Die drei Fallbeispiele haben uns ein Panorama an Anschauungsmaterial und Einsichten über die komplexen Motivationen, Interessen, kulturellen und kontextuellen Bedingungen aufgezeigt, welche nicht nur zu persönlichen Konfessionswechseln, sondern auch zu großflächigen Gemeindegründungen geführt haben.

Bei allen Fallbeispielen war zu beobachten, dass, bevor es zum Konfessionswechsel kam, sich eine latente Unzufriedenheit aufgrund einer Kette von Einzelproblemen aufbaute, persönlich enttäuschende Erfahrungen gemacht wurden oder immer schwerer zu ertragende äußere Missstände drückten. In unseren Beispielen waren dies die Veruntreuung von Geldern, eine korrupte Finanzwirtschaft, ungerechte Behandlung, ethnische Konflikte, offene alte Rechnungen, Rassismus, ethische Engführungen durch irrationale Gesetze, eine strenge unbarmherzige Kirchenzucht, mangelnde Katechese und Mitarbeiterschulung und schließlich die Marginalisierung und Ausgrenzung von Einzelpersonen und Gruppen. Dieses sich aufbauende Unzufriedenheitspotenzial war jeweils eingebettet in unterschiedliche geographische, kulturelle, ethnische und religiöse Kontexte. Die im Denken und Handeln der Menschen stark verwurzelten Strukturen der segmentären Gesellschaft der Konfliktregelung durch Trennung spielten eine begünstigende katalytische Rolle. In diese Situation spielten die jeweils begünstigenden attraktiven Angebote der neuen Konfession hinein, angefangen von Vorerfahrungen mit der anderen Konfession durch Kontakte bei Handel und Geschäftsbeziehungen. Die gemeinsame Sprache und gemeinsame ethnische Identität ermöglichten ein Zusammenkommen, das die bisherigen Erfahrungen transzendierte. Neue Freiheiten z. B. in der Wahl der Kleidung, Anerkennung als Mensch und dennoch einer Ethnie zugeordnet bleiben zu dürfen, Wertschätzung, Offenheit für den Kulturwandel, eine integrierende Kirchenpolitik und ermutigende theologische Entdeckungen wie die Kindertaufe, Vergebung der Sünden, Versöhnung und Gnade wirkten anziehend und aufbauend. In dem Prozess der Ablösung von der vorigen und der Hinwendung zu der neuen Konfession spielte dann auch noch eine Rolle, dass eine empfangende Struktur vorhanden war bzw. aufgebaut werden konnte, in der Aus- und Weiterbildung sowie begleitende und nachfolgende Betreuung gewährleistet waren. Neue positive Erfahrungen und ein schrittweises Hineinwachsen in die neue Konfession wurden dadurch gefördert. Folgende Schritte können dazu festgehalten werden:

1. Innerer Ablösungsprozess
2. Auslöser: Ausbruch eines offenen Konfliktes
3. Alternatives Angebot
4. Verhandeln »trial and error« – neue positive Erfahrungen
5. Endgültige Festlegung (juristisch) – Trennung, Bruch und Neuorientierung.

Dennoch stellen sich am Ende dieses Einblickes in die Geschichte des Kirchenwachstums einer jungen Kirche zahlreiche neue Fragen: Wächst durch den Konfessionswechsel eine intensivere Christusbeziehung? Welche Rolle spielt in dem Knäuel von psychologischen, materiellen, ethnischen oder ethischen Erwägungen und Faktoren letztlich die geistliche Dimension? In welchem Verhältnis stehen numerisches Wachstum und Nachfolge zueinander? Besteht bei der Beobachtung einiger Situationen nicht auch Verdacht, Opportunität, Gleichgültigkeit und laissez faire könnten sich schneller und leichter durchsetzen als Ernsthaftigkeit und Einsatz für Reformen und Veränderungen innerhalb der vorgefundenen Strukturen?

Sicherlich hat Konfessionswechsel ganz entscheidend etwas mit Freiheit zu tun. Dazu gehören etwa Religionsfreiheit, Gewissensfreiheit oder freie Meinungsäußerung. Bei den ersten beiden Beispielen wird sich schneller ein Konsens finden, das Angebot der lutherischen Kirche für die Menschen als die günstigere Alternative anzusehen. Kritisch wird die Vorgehensweise im dritten Beispiel zu sehen sein. Hier stellt sich die Frage, wie Kirchen in gegenseitigem Respekt miteinander umgehen oder besser miteinander umgehen sollten. Wie können solche Situationen und Zustände wie in Banguérem in einem offen nach vorne gerichteten Dialog bewältigt und gemeinsam gelöst werden? Die Frage nach geschwisterlicher Ermutigung und Zusammenarbeit zwischen den Kirchen muss hier gestellt werden. Einen ganzen Kirchenbezirk durch die Aufnahme einer Heerschar exkommunizierter Polygamisten aufzubauen, lässt Römer 8,19 in Erinnerung rufen: »Wollen habe ich wohl, aber das Gute vollbringen kann ich nicht.« Im Alleingang geraten die Entwicklungen in eine Schieflage. Die Baptistenkirche hat durch ihren Alleingang zuerst den Kontakt zu den Anliegen der Menschen und dann die Menschen selber verloren. Die Lutheraner haben sich durch ihren Alleingang die Probleme der Baptistenkirche ins eigene Haus geholt. Das Phänomen der Polygamie breitet sich seither in zahlreichen Distrikten aus.

Wie oben bereits erörtert, gibt es für die vielfältigen Spannungen ethischer, religiöser und ethnischer Art keine einfachen Lösungen. Es stellt sich jedoch zugleich die Frage, ob es nicht gerade solche Wanderungsbewegungen zwischen den Konfessionen sind, welche theologische Fragen offen halten, Kirchen theologisch gegenseitig und miteinander herausfordern und in Verbindung zu den Bedürfnissen der Menschen halten.

Die Ergebnisse der *Joint Working Group* zwischen ÖRK und der Römisch-Katholischen Kirche können grundsätzlich für das Miteinander und die zwischenkirchlichen Dialoge hinsichtlich der Frage des Proselytismus hilfreiche Anregungen geben. In dem Dokument *The Challenge of Proselytism and the Calling to Common Witness*[20] heißt es:

> »The responsibility of fostering religious freedom and the harmonious relations between religious communities is a primary concern of the churches. Where principles of religious freedom are not being respected and lived in church relations, we need, through dialogue in mutual respect, to encourage deeper consideration and appreciation of these principles and of their practical applications for the churches.«[21]

Die Herausforderung besteht in wachsender Zusammenarbeit zwischen den christlichen Denominationen. Als Ergebnis könnte gegenseitiges Zeugnis unter Wahrung gegenseitiger Freiheit und Würde stehen und Frei-Sein von negativen Aktivitäten in Form von Proselytenmacherei.

(Dr. Markus Roser ist Pfarrer in Adelsheim)

[20] The Challenge of Proselytism and the Calling to Common Witness, Study Document of the Joint Working Group between the World Council of Churches and the Roman Catholic Church, see: www.oikuoumene.org/en/resources/documents/wcc-commissions/joint-working-group-between-the-roman-catholic-church-and-the-wcc/25–09–95-challenge-of-proselytism.html.

[21] Proselytism in opposition to all ecumenical efforts is described in this document such as the following: making unjust or uncharitable references to other churches' beliefs and practices and even ridiculing them; – comparing two Christian communities by emphasizing the achievements and ideals of one, and the weaknesses and practical problems of the other; – employing any kind of physical violence, moral compulsion and psychological pressure e. g. the use of certain advertising techniques in mass media that might bring undue pressure on readers/viewers; – using political, social and economic power as a means of winning new members for one's own church; – extending explicit or implicit offers of education, health care or material inducements or using financial resources with the intent of making converts; – manipulative attitudes and practices that exploit people's needs, weaknesses or lack of education especially in situations of distress, and fail to respect their freedom and human dignity.

ABSTRACT

The article explores the question of proselytism vice versa church growth. The three examples are taken from the mission history of the *Lutheran Church in the Central African Republic*. Three case studies give insight into motivation, mechanisms and circumstances behind the proselytising process. They observe proselytism as a changing or switching process between different Christian denominations. Various issues, coincidental factors, favourable processes and circumstances are interlinked. In all three cases, the Lutheran Church was the winning part. In a very short time, more than 25,000 changed their church affiliation. They had switched either from the Baptist Church or from the Brethren Church. Surprisingly, doctrinal questions played only a marginal role. More striking in the switching process were social, ethnical and ethical issues. The challenge remains in increased cooperation and dialogue between Christian denominations. The result could be witness offered to one another that would respect human freedom and dignity and to be free of negative activities in making proselytes.

Syrische Ansichten zur Ausbreitung des Islams: Apologetik und/oder historische Wahrheit?

Einige Beobachtungen zu einer immer noch spannenden Frage

Jobst Reller

I. Vorüberlegungen

Im Dezember 2004 versammelten sich im Rahmen des »Sudan Focal Point« Vertreter europäischer und sudanesischer Kirchen im damaligen Missionsseminar Hermannsburg. Der Verfasser dieses Aufsatzes präsentierte die in syrischsprachigen Quellen des Mittelalters vielfach anzutreffende »freundliche« Sicht der muslimischen Eroberer des siebten Jahrhunderts und weckte zunächst einmal ungläubiges Erstaunen, weil diese Ansichten so wenig zu den eigenen gegenwärtigen und vermeintlich auch historisch verbürgten Erfahrungen mit Muslimen zu passen schienen. In die polemische Diskussion kam zumindest ein nachdenklicher Ton hinein: Was könnte es bedeuten, wenn die Geschichte christlich-muslimischer Begegnung eben auch Aspekte relativer Toleranz bzw. von Dialog bieten könnte? In der Relativierung bestimmter Topoi von im Islam selbst liegender Grausamkeit gegenüber Gegnern, grundsätzlicher Feindschaft gegenüber anderen Religionen zeigten sich dann auch andere Motivationsebenen in Konflikten, die weniger mit Religion als mit Macht, Einfluss, Bodenschätzen usw. zu tun hatten. Die Identifikation von Freund und Feind allein durch die religiöse Zugehörigkeit wurde erschwert. Ihre Relevanz für den christlich-muslimischen Dialog in Syrien seinerzeit, aber auch heute, möchte der Verfasser für bewiesen halten.[1]

1 Vgl. Andreas Feldtkeller, Die ›Mutter der Kirchen‹ im ›Haus des Islam‹. Gegenseitige Wahrnehmungen von arabischen Christen und Muslimen im West- und Ostjordanland, Erlangen 1998, der Texte Michaels des Großen sehr ausführlich diskutiert, allerdings nicht erkennt, dass Michael wahrscheinlich wesentlich frühere Texte überliefert.

Die syrischsprachigen historischen Quellen sind in der Regel nur in Kreisen von orientalischen Kirchengeschichtlern oder Orientalisten bekannt, aber auch dort kontrovers diskutiert.[2] Schaut man nun auf die ostkirchengeschichtliche und christlich-orientalistische Forschung, dann ergibt sich ein überraschendes Bild im Bezug auf die Wertung dieser »islamfreundlichen« Aussagen. J. Moorhead veröffentlichte 1980 eine der ersten Untersuchungen zu unserem Thema: »The Monophysite Response to the Arab Invasion«, gefolgt von Harald Suermann »Die geschichtstheologische Reaktion auf die einfallenden Muslime in der edessenischen Apokalyptik des 7. Jahrhunderts« (1985) und Sebastian Peter Brock »The Seventh Century in the West-Syrian Chronicles« (1993) und Robert Hoyland »Seeing Islam as Others saw it« (1997).[3] Auf der Grundlage eines Forschungsprojektes an der Universität Groningen veröffentlichten J. J. van Ginkel, H. L. Murre-van den Berg und T. M. van Lint 2005 ein umfangreiches Sammelwerk »Redefining Christian identity. Cultural interaction in the Middle-East since the rise of Islam«,[4] gefolgt von Martin Tamcke »Christians and Muslims in Dialogue in the Islamic Orient of the Middle-Ages« (2007) an der Universität Göttingen und schließlich Emmanouela Grypeou, Mark N. Swanson und David Thomas mit »The Encounter of Eastern Christianity with Early Islam«, entstanden an der Universität Erfurt. Sämtliche hier genannten Forscher waren eher skeptisch im Blick auf die Historizität der frühen syrischen Texte über die muslimischen Eroberer. War es nicht vielmehr eine apologetische Intention späterer Jahrhunderte, um die islamischen Machthaber gnädig zu stimmen? J. J. van Ginkel sei hier stellvertretend zitiert:[5]

> »The accounts, which portray the Arabs in a positive way, fit very well with Christian attempts of the eighth/ninth century to ›reinvent‹ the history of the seventh century so as to assert the antiquity of the special status of the various Christian communities. It is in this period that the so-called ›Covenant of 'Umar‹, with its rules and regulations for non-

[2] Vgl. z. B. die u. a. auf christlichen syrischen Quellen beruhende Darstellung der islamischen Frühgeschichte durch Michael Cook/Patricia Crone, Hagarism. The Making of the Islamic World, Cambridge 1977.

[3] Jan J. van Ginkel, The perception and presentation of the Arab conquest in Syriac Historiography: How did the changing social position of the Syrian Orthodox community influence the account of their historiographers?, in: The encounter of Eastern Christianity with early Islam (The history of Christian-Muslim relations 5), Leiden/Boston 2006, 172–184, 172f.

[4] J. J. van Ginkel/H. L. Murre-van den Berg u. a., Redefining Christian identity. Cultural interaction in the Middle-East since the rise of Islam (OLA 134), Leuven/Paris u. a. 2005.

[5] van Ginkel, The perception and presentation, 180. Vgl. auch Sidney H. Griffith, Islam, Syriac Interactions with, in: Ders. (Hg.), Gorgias Encyclopedic Dictionary of the Syriac Heritage, Piscataway 2011, 219–224.

Muslims in society, seems to have become more prominent in Christian-Arab relations.«

Nicht nur apologetischer Gebrauch der religiösen Begegnungsgeschichte, sondern vielmehr Neuerfindung dieser Geschichte wird vermutet. Theologen des 9./10. Jahrhunderts hätten also in der Hoffnung, die scheinbar übermächtigen abbasidischen Herrscher gnädig zu stimmen, eine freundliche Haltung syrischer Christen gegenüber den muslimischen Eroberern erfunden.

Schaut man demgegenüber auf die deutsche Forschung bei Peter Kawerau,[6] Wolfgang Hage,[7] Peter Nagel[8] und mutatis mutandis auch Dorothea Weltecke,[9] so findet man überraschenderweise eine eher unkritische Rezeption dieser araberfreundlichen Äußerungen, ohne dass sich eine Antwort nahelegte, warum nationale Forschungen unserer Tage so beinahe auffällig unterschiedlich werten. Mitunter könnte sich die Vermutung nahelegen, als wenn sich innerchristliche Fundamentalismusdebatten der Gegenwart in orientalischer Kirchengeschichtsschreibung spiegelten. Ganz abgesehen davon, wie sich syrischsprachige Christen wirklich verhielten, als die muslimischen Eroberer kamen bzw. sie unter muslimischen Obrigkeiten lebten, dürfte die Frage historischer Argumentationen in christlich-muslimischen Begegnungen und Gesprächen eine Rolle spielen. Dieser Beitrag möchte zum Thema »Syrische Ansichten zur Ausbreitung des Islams: Apologetik und/oder historische Wahrheit?« einige grundsätzliche, wenn auch noch vorläufige Beobachtungen und Überlegungen zu Syrien skizzieren.

II. Michael der Große über Mitchristen und Türken

Wer sich mit der Geschichte syrischer Christen unter muslimischer Herrschaft befasst, der stößt auf das große kirchenhistorische Sammelwerk des Patriarchen Michael des Großen (1166–1199 im Amt). Das Sammelwerk Michaels verarbeitet das große Geschichtswerk des Patriarchen Dionysius von Tellmahre (gest. 843)

6 Peter Kawerau, Ostkirchengeschichte I. Das Christentum in Asien und Afrika bis zum Auftreten der Portugiesen im Indischen Ozean, Löwen 1983.

7 Wolfgang Hage, Das Christentum im frühen Mittelalter (Zugänge zur Kirchengeschichte 4), Göttingen 1993; Ders., Die Syrisch-Jakobitische Kirche in frühislamischer Zeit, Wiesbaden 1966.

8 Peter Nagel, Michael I. (Syrische Kirchenväter), Stuttgart u.a. o.J.

9 Michael I Rabo (d. 1199), in: Gorgias Encyclopedic Dictionary of the Syriac Heritage, 287–290; Dorothea Weltecke, Die ›Beschreibung der Zeiten‹ von Mor Michael dem Großen (1126–1199; CSCO.Sub 594), Louvain 2003.

aus dem 9. Jahrhundert, aber auch andere Quellen und umfasst in der modernen syrisch-französischen Ausgabe von Jean Baptiste Chabot vier gewaltige Bände.[10] Bei Michael fallen freundliche und viel beachtete Äußerungen über die Expansion der arabischen Muslime nach der Hedschra 622 auf,[11] eben solche aus der Hochzeit des abbasidischen Kalifats, aber auch für die Gegenwart Michaels.[12] Der verdiente Rostocker Orientalist und Ostkirchengeschichtler Friedhelm Winkelmann[13] zitiert in einem repräsentativen Abschnitt folgende Aussagen Michaels über die muslimisch gewordenen Türken – vor der dunklen Folie der mitchristlichen Byzantiner und der etwas helleren Folie der ebenfalls mitchristlichen Kreuzritter aus dem Westen, der »Franken«:

> »Die Franken [...; anders als die Byzantiner] bereiteten niemals Schwierigkeiten[14] in Glaubensfragen, auch nicht um zu einer gemeinsamen Glaubensformel für alle Völker und Sprachen der Christenheit zu gelangen, sondern sie hielten denjenigen für einen Christen, der das Kreuz verehrte, ohne Verhör noch Untersuchung. Die Türken ihrerseits, die den größten Teil der Länder besetzt hatten, in denen Christen wohnten, und die keinerlei Kenntnis der heiligen Mysterien hatten und aus diesem Grunde das Christentum für einen Irrtum hielten, prüften gewöhnlich nicht die Glaubensbekenntnisse, noch verfolgten sie jemand wegen einer Glaubensformel,[15] wie es die Griechen taten, ein boshaftes und häretisches Volk.«

Byzantinische Christen und ihre imperiale Orthodoxie kommen deutlich nach westlichen Kreuzrittern, die gerade angekommen noch auf imperiale Orthodoxie verzichten, oder muslimischen Türken zu stehen, die theologisch unkundig niemand verfolgen.

[10] Chronique De Michel le Syrien, Patriarche Jacobite D'Alexandrie (1166–1199) I-IV, hg. Syr./übers. Franz. v. Jean Baptiste Chabot, Paris 1899–1910.

[11] Hage, Das Christentum im frühen Mittelalter, 49ff.

[12] Vgl. meinen Aufsatz: Christian Views of Muslims in Syria before 1300 AD. Some remarks on Christian-Muslim relations, in: OS 59 (2010), 55–69.

[13] Friedhelm Winkelmann, Die Kirchen im Zeitalter der Kreuzzüge (11.–13. Jahrhundert; KiGE I/10), Leipzig 1994, 119 (Chronique 16,1, Bd. 3, 222).

[14] Das ist nicht ganz richtig, insofern als im Zuge der fränkischen Eroberungen die orientalischen Christen zu leiden hatten, etwa bei der Eroberung Antiochias, aber auch in Antiochia wie in Jerusalem lateinische Patriarchen eingesetzt wurden! Vgl. Thomas Asbridge, The Crusades. The War for the Holy Land, London/New York u. a. 2010, 117, 120.

[15] Auch hier gibt es Gegenbeispiele – in der Regel dann, wenn im späteren »aufgeheizten« Verlauf der Kreuzzüge, um politischen Gehorsam zu sichern, die Alternative Tod oder Konversion zum Islam gestellt wurde. Vgl. z. B. das Schicksal von Robert Fitz-Fulcho, dem Leprösen, im August 1119, bei Asbridge, The Crusades, 165.

Schaut man auf Michaels eigene Zeit, dann fällt er dieses Urteil, obwohl er auch ambivalente Erfahrungen mit muslimischen Herrschern hatte. Saif ed-Din, der Emir von Mossul, konnte ihm geneigt, aber auch feindlich gegenübertreten.[16] Michael weiß, was orientalische Christen an keine Unterscheidung machender Rache bei der Rückeroberung Edessas 1144 oder Jerusalems 1187 zu ertragen hatten.[17]

Der Forscher Rudolf Abramowski meinte, durch konsequenten Vergleich der Texte Michaels mit denen von Bar Hebräus (gest. 1286) und der anonymen edessenischen Chronik den Grundbestand des großen Geschichtswerks von Dionysius von Tellmahre aus dem 9. Jahrhundert aus Michaels Werk weitestgehend rekonstruieren zu können.[18] Schaut man nun mit Michael historisch zurück, dann fällt das schon Genannte auf, dass von Anfang der muslimischen Eroberung an syrischsprachige Christen den muslimischen Eroberern freundlich begegneten. Bekannt sind Äußerungen über die Söhne Ismaels als Befreier von muslimischer Grausamkeit[19] oder ein Gebet um das rasche Voranschreiten der Hagariten aus dem Süden, um von den Byzantinern zu befreien.[20] Dergleichen Rede wäre im Munde Michaels im 12. Jahrhundert oder zitiert aus dem Geschichtswerk des Dionysius aus dem 9. Jahrhundert gut geeignet, um nach dem Munde muslimischer Herrscher zu reden, wobei Michael, wie schon ausgeführt, für seine eigene Zeit sich aller Einseitigkeit enthält.

Ein markantes Ereignis in syrischer historischer Erinnerung mag hier noch angefügt werden, eine oft besonders in Zweifel gezogene Überlieferung über einen »Dialog« oder besser ein Religionsgespräch des ersten syrisch-orthodoxen Patriarchen von Antiochia Johannes I Sedra (im Amt 630–648) mit einem Syrien erobernden arabischen Emir am 9.5.644. Kritisch kann man als Argument für eine sekundäre apologetische Neuerfindung einwenden, dass dieser Dialog nur

16 Chronique, Bd. 3, 359; Peter Nagel, Michael I. † 1199, in: Syrische Kirchenväter, hg. v. Wassilios Klein, Stuttgart 2004, 228–239, 233ff.

17 Winkelmann, Die Kirchen, 56 (Chronique 17,2, Bd. 3, 261f.); Chronique, Bd. 3, 404; Weltecke, Die ›Beschreibung der Zeiten‹, 125.

18 Rudolf Abramowski, Dionysius von Tellmahre – Jakobitischer Patriarch von 818–845. Zur Geschichte der Kirche unter dem Islam (AKM XXV,2), Leipzig 1940. Vgl. aber Witold Witakowski, The Syriac Chronicle of Pseudo-Dionysius of Tel-Mahre: a study in the history of historiography (Acta Universitatis Upsaliensis/Studia Semitica Upsaliensia 9), Uppsala 1987.

19 Hage, Das Christentum im frühen Mittelalter, 49 (Chronique, vol. 2, 412f.).

20 Friedhelm Winkelmann, Die östlichen Kirchen in der Epoche der christologischen Auseinandersetzungen (Kirchengeschichte in Einzeldarstellungen I/6, 122 (Chronique 11,3, vol. 2, 412).

in einer einzigen Handschrift des 9. Jahrhunderts überliefert ist.[21] Andererseits eignet sich diese Begebenheit nicht wirklich für Apologetik, da die erweiterten Nachrichten bei Michael, wohl auf Dionysius zurückgehend, den Emir, wahrscheinlich Umayr Ibn Sa'd, gerade nicht als den zeigen,[22] der den Christen den Schützlingsstatus gewähren will, sondern der das christliche Evangelium getreu seiner muslimischen Auffassung des Koran als göttliches Sittengesetz verstehen will. Entsprechend der koranischen Verbalinspirationstheorie eines himmlischen Gesetzes nach Ansicht des Emirs will auch Johannes am Evangelium nicht den kleinsten Buchstaben »jod« ändern.[23] Auch die Gottheit Christi, die Taufe oder das Kreuz werden von Johannes nicht zur Disposition gestellt. Leider bricht die Überlieferung an dieser Stelle ab, sodass nicht deutlich ist, wie die an sich intolerante und konfrontative Haltung des muslimischen Eroberers im Gegenüber zu der verständigungsbereiten Haltung des Patriarchen schließlich zu der historisch belegten faktischen Duldung für die Christen in Syrien führte. Die verständigungsbereite Haltung des Patriarchen würde sich vollständig in das oben skizzierte Bild einer von freundlicher Erwartung geprägten Haltung der syrischen Christen gegenüber den erobernden Muslimen fügen. Dem Bericht über das Religionsgespräch müsste man hohe Glaubwürdigkeit zuerkennen, weil es entgegen der generellen Tendenz von den durchweg freundlich empfangenen und erwarteten muslimischen Eroberern den inhaltlichen Dissens nicht verschweigt. Warum hätte man im 9. Jahrhundert um der *captatio benevolentiae* willen von einem Eroberer so erzählen sollen, dass er angesichts fehlender himmlischer Gesetzesüberlieferung – von Christen als Besitzern des Buches und Schützlingen ist nirgends die Rede – die Zwangskonversion zum Islam verlangte? Michael entfaltete die Argumentation des Johannes als Rede von den drei koexistierenden Buchreligionen Judentum, Christentum und Islam auch im Jahrhundert der Kreuzzüge noch einmal vor Saif ed-Din al-Islam in Mossul.[24]

[21] British Museum 861 Addimentum 17193, fol. 73r-75v, hg. v. Francois Nau, Un colloque du patriarche Jean avec l'Emir des Aparéens et faits divers des annees 712 a 761, in: Journale asiatique, Ser. 11, Bd. 5 (1915), 225–279; Johannes I. Sedra. Einleitung, Syrische Texte, Übersetzung und vollständiges Wörterverzeichnis, hg. u. übers. v. Jouko Martikainen (GOF Reihe I Syr 34), Wiesbaden 1991, 4ff.; M. Penn, John and the Emir. A new introduction, edition, and translation, in: Le Muséon 2008, 65–91.

[22] Michael, Chronique, Bd. 2, 431f.

[23] Gegen Georg Graf, Geschichte der christlich arabischen Literatur, Bd. 1, Citta del Vaticano 1944, 35. Siehe auch Arthur Vööbus, Reorganisierung der Westsyrischen Kirche in Persien, in: OC 51, Wiesbaden 1967, 106–111, 106.

[24] Chronique, Bd. 3, 359; Nagel, Michael I., 233ff.

III. Christliche Syrer und islamische Eroberung aus muslimischer Sicht

Ein erster Blick soll der muslimischen Rechts- und Geschichtsüberlieferung gelten. Bei Ibn Hagar ist in seinem Werk Tahdib (XI, 153–155 Nr. 254) ein Text des Damaszener Gelehrten al-Walid b. Muslim (gest. ca. 810 AD) überliefert,[25] der aus den Zeiten Kalif Omars – also unmittelbar nach dem Tode Mohammeds – Folgendes in Erfahrung gebracht haben will. Omar und die Prophetengenossen hätten es ausdrücklich so geregelt, dass in einem eroberten christlichen Dorf das Land immer in den Händen der christlichen Dorfgemeinschaft geblieben sei bzw. ein Übertritt zum Islam Landverlust mit sich brachte, jedoch die übrige Dorfgemeinschaft die gleiche Grundsteuer wie vorher zu erbringen hatte. Abgesehen von den Landgütern der geflohenen byzantinischen Patrizier sollte man noch nicht einmal Land von Christen käuflich erwerben. Omar habe auch anerkannt, dass die syrischen Christen schon vor der Eroberung durch die Muslime bei diesen um Pardon nachgesucht, sie beim Einmarsch nicht bekämpft, sondern bewirtet, auf keinen Fall die Byzantiner unterstützt hätten.

Erinnert sei an die muslimische Überlieferung, dass die letzten Truppen von Kaiser Herakleios August/September 636 mit zusammengeketteten Füßen bei Tiberias den arabischen Eroberern entgegengetreten wären! Syrische Städte handelten in aller Regel Unterwerfungsabkommen aus.[26] Folgendes lässt sich m. E. aus diesem zunächst singulären Text, der im Horizont des Gesamtbefundes auf muslimischer Seite interpretiert werden müsste, zumindest vermuten:

- Zunächst wird expressis verbis der Grundtenor der syrischen historischen Quellen bestätigt. Syrische Christen signalisierten ihre Bereitschaft, unter arabischer Oberherrschaft zu leben, bereits vor der Eroberung.
- Er besagt weiterhin, dass offenbar mit dem nicht angetasteten christlichen Landbesitz den muslimischen Oberherren ein erheblicher materieller Vorteil, den Christen aber im Laufe einiger Generationen durch Konversion zum Islam eine Last erwachsen war.

[25] Tilmann Nagel, Mohammed. Leben und Legende, München 2008, 520f.

[26] Nagel, Mohammed, 479f.: Das Bild ursprünglicher christlich-muslimischer Interaktion ist bunt. Eine erste Hedschra führte um 615 ins Exil zu äthiopischen Christen (208ff., 218ff.). Mohammed erhielt Unterstützung von eben diesen Äthiopiern, stützt sich auf die Byzantiner (!) bei der Eroberung Mekkas (480), Kalif Ibn az-Zubair erhielt noch nach 685 Unterstützung vom Negus (674).

Warum mußte al-Walid b. Muslim um 800 an diesen Umstand erinnern? Doch wohl, weil der Landbesitz in muslimischen Händen wuchs und die Grundsteuereinnahmen von »Schützlingen« abnahmen, möglicherweise langsam geringer an Zahl werdende Christendörfer unter erhöhten Lasten für die Zurückbleibenden stöhnten. Dass syrische Christen arabischen Eroberern wohlwollend gegenüberstanden, war überhaupt nicht strittig, musste also nicht erfunden werden. Wenn man auf der Grundlage dieses Textes eine Hypothese formulieren wollte, könnte man vermuten, dass syrische Christen und ihre kirchlichen Vertreter an dieses faktische Wohlverhalten erinnerten, um möglicherweise die zunehmend steuerlich belastete Existenz zu erleichtern und den Anreiz zum Übertritt vom Christentum zum Islam zu verkleinern. Ein Grund, eben eine solche Geschichte neu erfinden zu müssen, hätte gar nicht vorgelegen, weil diese gar nicht in Zweifel gezogen war, sondern Christen wie Muslime offenbar im 9. Jahrhundert an einen im 7. Jahrhundert gesicherten Grundbestand nicht rühren wollten und an die gegenseitige Loyalität appellierten.[27] Historisch würde also eine araberfreundliche Grundtendenz in den syrischen Quellen eher bestätigt – immer vorausgesetzt, dass ein Gesamtbild noch zu zeichnen ist.

IV. Tendenziöse syrischsprachige Geschichtsschreibung?

Schaut man immanent auf Michaels großes Sammelwerk, dann hat man nachweisen können, dass Michael tendenziös berichtet hat – allerdings im Blick auf die mitchristlichen Byzantiner. Rechtfertigt das eine Verallgemeinerung, dass generell tendenziös verfahren worden wäre? In Michaels Quelle, dem Geschichtswerk des Johannes von Ephesus, waren die Byzantiner für die Zeit 700 Jahre vor Michael (!) weniger boshaft dargestellt.[28] Äußerungen über die Boshaftigkeit der Byzantiner mögen im 9. Jahrhundert die Loyalität zum abbasidischen Reich unterstrichen haben, das ja im späten 9. und im 10. Jahrhundert gegenüber den Byzantinern an Terrain verlor. Welchen Sinn machten sie aber im 12. Jahrhundert, als die byzantinischen Kaiser geschwächt waren und die Handlungsoberhoheit ganz an die westlichen Kreuzritter übergegangen zu sein schien?

[27] M. Gervers/R. J. Bikhazi (Hg.), Conversion and Continuity. Indigenous Christian Communities in Islamic Lands Eight to Eighteenth Centuries (Papers in Medieval Studies 9), Toronto 1990.

[28] van Ginkel, The perception and presentation, 174, 178.

Texte Michaels sind oftmals an anderen Stellen parallel überliefert. Die bis ins Jahr 1234 reichende anonyme Chronik scheint einerseits die Araber humaner darzustellen als Michael. Sie enthält z. B. die humanitären Instruktionen für die arabischen Truppen vor der Invasion im byzantinischen Reich, die bei Michael fehlen. Würde sie an dieser Stelle das Werk des Dionysius treuer bewahrt haben, dann könnte man eine araberfreundlichere Tendenz des Dionysius postulieren. Angesichts der an sich araberfreundlichen Haltung auch von Michael ergäbe eine Auslassung aus diesem Grund allerdings keinen Sinn. Die anonyme Chronik ihrerseits wiederum verschweigt nicht das Massaker an den antichalkedonensischen Asketen und Mönchen durch arabische muslimische Truppen in den Bergen bei Mardin. Auch Michael und andere Chroniken bewahren die Erinnerung daran. Alle Chroniken haben anti- wie auch proarabische Texte. Schärfer gesagt: Der Umstand, Texte über freundliche und erwartungsvolle Aufnahme der arabischen Eroberer bewahrt zu haben, schließt ganz offenbar fast durchweg auch das Faktum ein, einzelne Untaten dieser Eroberer zu erinnern.[29]

V. Intentionen syrischsprachiger Historiographie

Denkt man weiter, so liegt folgender Schluss nahe: Wollte man im 9. wie dann auch im 12. Jahrhundert möglicherweise doch einfach in erster Linie die Geschichte so schreiben, wie sie der eigenen konfessionellen Erinnerung nach verlaufen war? Wollte man mit der Geschichtsdarstellung zugleich die eigene Gegenwart deuten, die ja damit leben musste, dass apokalyptisch betrachtet die Gewissheit der verborgenen Weltherrschaft des erhöhten Christus sich nicht in der Herrschaft christlicher Könige oder Kaiser in Syrien ausdrückte bzw. da, wo sie wie in Byzanz durch einen Stellvertreter beansprucht wurde, gerade diese Herrschaft für Christen syrischer Provenienz alles andere als erstrebenswert erschien? Eine imperiale christologische Orthodoxie im Sinne von Byzanz für alle Völker und Sprachen konnte man sich weder als dyophysitischer noch mono- oder miaphysitischer syrischer Christ wünschen. Michael identifiziert nicht zufällig die Muslime mit Gog und Magog[30] in der Apokalypse des Johannes, weist

[29] van Ginkel, The perception and presentation, 180, unter Bezug auf Michael, Chronique, Bd. 4, 414/Bd. 2, 419; and Brooks, Chronica II, 148, 114.

[30] Nagel, Mohammed, 484, zu Mohammeds Verarbeitung des aus der Alexandergeschichte stammenden Motivs in Sure 18, 83–98.

ihnen somit eine Rolle in der Endgeschichte zu, wenn auch eine letztlich christusfeindliche. Der dreihundert Jahre vor Michael wirkende Mose bar Kepha (gest. 903) wusste in seinem Liturgiekommentar sehr wohl von wahrhaft christlichen Königen in Georgien und Äthiopien – und eben nicht in Byzanz oder im westlichen Europa –, für die man Fürbitte halten sollte.[31] Es hätten also sehr wohl irdische Repräsentanten verborgener Weltherrschaft Christi namhaft gemacht werden können. Dionysius im 9. wie Michael nach ihm im 12. Jahrhundert nahmen das Faktum muslimischer Oberhoheit zur Kenntnis, stellten die Frage nach christlicher Schuld, versuchten sich in apokalyptischer Einordnung und legten damit zugleich die Zukunft in die Hand des die Geschichte führenden Gottes.[32] Und dann konnte der Ausgang durch den letztlichen Sieg Christi nicht zweifelhaft sein, so sehr die Gegenwart diesem Glauben auch widersprach. Eine möglicherweise bedrängte Gegenwart konnte so allein Trost finden! Das aber offenbar gerade nicht dazu, die letztlich als christusfeindlich klassifizierten Anhänger der herrschenden Religion polemisch einseitig zu verzerren!

VI. Elemente christlich-muslimischen Dialogs im 9. Jahrhundert

Schließlich: Hatte es gerade das 9. Jahrhundert nötig, die eigene Geschichte syrischer Christen unter dem Islam neu zu erfinden? Wir finden im abbasidischen Bagdad das *bait ul-hikma*, das Haus der Weisheit, in dem Texte der griechischen Philosophie und Medizin durch syrische Christen monophysitischer wie nestorianischer Provenienz ins Arabische übersetzt werden.[33] Der berühmteste Übersetzer war Hunayn ibn-Ishak.[34]

Was sich im 10. Jahrhundert an Machtverlust und Wiederstarken von Byzanz durchsetzen sollte, fing im Versuch des armenischen Patriziers Bikrat, als Vasall von Bagdad unabhängig zu werden, schon an, auch wenn Bikrat/Bagarat Bagra-

[31] Jobst Reller, Mose bar Kepha und seine Paulinenauslegung nebst Edition und Übersetzung des Kommentars zum Römerbrief/GOF I Reihe Syr 35), Wiesbaden 1994, 41.

[32] Winkelmann, Die Kreuzzüge, 43 (Chronique 14,1–5, Bd. 3, 149–157); vgl. ebd. 56. Michaels Freund Dionysios bar Salibi (gest. 1171) weist Yuhanon von Mardin zurück, der behauptet, dass der Fall Edessas gegen Gottes Willen gewesen sei. Vgl. S. P. Brock, Dionysios bar Salibi (d. 1171), in: Gorgias Encyclopedic Dictionary of the Syriac Heritage, 126f.

[33] A. M. Butts, Hunayn b. Ishaq (808–873), in: Gorgias Encyclopedic Dictionary of the Syriac Heritage, 205f.

[34] Hage, Das Christentum im frühen Mittelalter, 48.

tuni[35] selbst noch keinen Erfolg hatte. Er hätte auf die Sternzeichen achten sollen, meinte Bischof Mose bar Kepha, der auf diese Weise aber auch deutlich zum Ausdruck brachte, dass diese ja jederzeit günstiger stehen könnten für die Gegner des abbasidischen Reiches. Die indirekte Botschaft war, dass man nur den rechten Zeitpunkt hätte abwarten müssen. Wie Jakob von Edessa, 200 Jahre vor ihm, viele Muslime mit ihm (oder noch Philipp Melanchthon im 16. Jahrhundert), war Mose bar Kepha der Überzeugung, dass aus der Sternbeobachtung die Zukunft geschaut werden konnte. Man kann daran erinnern, dass die Abbasiden 749 durch eine eschatologisch motivierte Revolution an die Macht gelangt waren. Als Kalif al-Mansur, der Gründer des abbasidischen Kalifates, 775 starb, wurden Himmelerscheinungen millennaristisch gedeutet und nicht zufällig Symbole sassanidischer Großkönige verwendet. Auch das astronomisch untermauerte apokalyptische Geschichtsverständnis verband Christen und Muslime eher, als dass es trennte.[36] Das ließe sich am muslimisch wie christlich apokalyptisch interpretierten Alexanderroman leicht zeigen.

Von eingeschüchtertem christlichem Selbstbewusstsein ist angesichts der Gesetze zu Mischehen mit Muslimen im nördlichen Zweistromland im 9. Jahrhundert nichts zu spüren.[37] Im Gegenteil: Es muss eine gewisse Euphorie geherrscht haben – im Blick auf eine imperiale Verbindung der lokalen christlichen Kirchen mit den muslimischen Imperatoren sowohl im koptischen Alexandria wie auch im Bagdad des nestorianischen Katholikos Timotheos I. oder des schon erwähnten Patriarchen Dionysios von Tellmahre. Die patriarchale Reisebegleitung für die Kalifen wie auch die immer neuen Appellationen an die andersgläubigen Kalifen wären anders kaum zu erklären.[38]

Vielleicht reichte die Euphorie noch weiter: Ulrich Rudolph, Professor für Islamkunde in Zürich, promoviert und habilitiert bei Tilman Nagel in Göttingen, hat darauf hingewiesen, dass sich im Lehrstück von der Einheit Gottes (»*at-tauhid*«) in der muslimischen Dogmatik eines Abu Mansur al-Maturidi (gest. 944; bzw. zweier jüdischer Autoren Sa'adya Gaon, gest. 942, und Dawud ibn Marwan al-Muqammis, gest. um 900) weit im persischen Osten des abbasidischen Reiches im 10. Jahrhundert möglicherweise in arabischer Sprache ein

35 Reller, Mose bar Kepha, 39–41. Erst Ashot Bagratuni machte Armenien 887 unabhängig.
36 Wolfram Drews, Universale Herrschaft aus muslimischer Perspektive im frühen und hohen Mittelalter, in: Hartmut Leppin/Bernd Schneidmüller u. a. (Hg.), Kaisertum im ersten Jahrtausend, Regensburg 2012, 229–250, 239.
37 Reller, Mose bar Kepha, 55f.
38 Siehe Abramowski, Patriarch Dionysius von Tellmahre (s. o.).

mehr oder minder literal übernommenes Stück aus dem syrischen Kommentar des Mose bar Kepha zum Sechstagewerk aus Buch I zur Gotteslehre findet.[39] Angesichts dessen, dass Mose deutlich früher und näher am Zentrum des abbasidischen Reiches gelebt und gewirkt hat und Syrer griechische Philosophie für arabische Muslime durch Übersetzungen erschlossen, scheint es näher zu liegen, den bei Mose um 860 vorliegenden Text für ursprünglicher zu halten. Aber was muss es bedeuten, wenn zumindest für eine kurze Phase syrische Christen ihre Gotteslehre auf dieselben philosophischen Axiome zur Einheit Gottes, zur Angemessenheit anthropomorpher Rede für Gott usf. aufbauen konnten wie muslimische und jüdische Theologen? Philosophische Grundlagen ließen sich – nach Meinung einiger – offenbar gemeinsam klären, ohne dass damit die Differenzpunkte der verschiedenen Offenbarungsgeschichten im Evangelium Jesu oder im Koran in Zweifel gezogen worden wären?[40] Leider stehen die Forschungen zu christlichen Philosophen und Theologen wie Theodor Abu Qurra und Johannes von Damaskus im 8. Jahrhundert[41] (Quelle der Erkenntnis I,13; Mose bar Kepha I,7; al-Maturidi 67–77) noch ziemlich in den Anfängen bzw. kämpft die Forschung mit der Schwierigkeit, dass die muslimischen Gegenüber der christlichen Theologen schlecht oder nur andeutungsweise überliefert sind: Theodor Abu Qurra und sein muslimisches Gegenüber, der Abweichler oder Mu'tazilite al-Murdar (gest. 841?), Ammar al-Basri und Abu l-Hudail (gest. 841?), Hiob von Edessa und Nazzam (gest. 847).[42] Aber der Sache nach finden sich die Fragen, die bei Mose bar Kepha zu einem festen Lehrstück geronnen sind, schon bei Johannes von Damaskus in seiner griechisch verfassten »Quelle der Erkenntnis« hundert Jahre zuvor. Darf man so weit gehen, für das beginnende 9. Jahrhundert ein relativ tolerantes Klima des »Dialogs« – wobei der Begriff noch genauer zu klären wäre – auf der Grundlage gemeinsamer Aristotelesrezeption zu postulieren?

[39] Ulrich Rudolph, Christliche Bibelexegese und Mu'etazilitische Theologie. Der Fall des Moses bar Kepha (gest. 903 n. Chr.), in: Oriens 1994, 294–313, 300ff., 305, unter Bezug auf Lorenz Schlimme, Der Hexaemeronkommentar des Moses bar Kepha. Einleitung, Übersetzung und Untersuchungen (GOF I: Syr 14). Schlimme, 30f., weist auf at-Tabaris (gest. 923) Kommentar zum Koran hin.

[40] Bereits Jouko Martikainen hatte in seiner Göttinger Antrittsvorlesung vom 6.2.1986 auf analoge dogmatische Muster aufmerksam gemacht: Eigenart der syrischen Theologie veranschaulicht durch das Thema: Der erste und der zweite Adam in der syrischen Theologie, in: Hans-Olof Kvist, Academia et Ecclesia. Studia in honorem Fredric Cleve, Åbo 1991, 146–158.

[41] Adolf von Harnack, Lehrbuch der Dogmengeschichte II, Freiburg 1888², 325–333, 383f., 411f.; Rudolph, Christliche Bibelexegese, 308f.

[42] Rudolph, Christliche Bibelexegese, 302.

Welche apologetischen Motive hätte aber gerade dieses Klima aus sich heraussetzen sollen?

Manches spricht dafür, dass die sogenannten Konstitutionen Omars (auch Bund Omars genannt), die den Einfluss des Christentums in der Öffentlichkeit begrenzen sollten, wahrscheinlich als Texte schon länger vorhanden waren, aber erst in der zweiten Hälfte des 9. Jahrhunderts unter Kalif Abu Gafar al-Mutawakkil tatsächlich versuchsweise für das ganze Reich für eine kurze Periode in Kraft gesetzt wurden.[43] Man könnte also erst spät von einem ersten Versuch kalifatsweiter Verfolgung sprechen, wobei man bedenken muss, dass al-Mutawakkil der Erste war, der mit dem Niedergang der eigenen abbasidischen Macht an den Rändern zu kämpfen hatte.

VII. Schluss

Es sei am Schluss erlaubt, weiter zu fragen: Wenn für das Zentrum des abbasidischen Reiches im 9. Jahrhundert, abgesehen von einer kurzen Zeit unter Kalif al-Mutawakkil, von einem Klima des Dialogs auf der Grundlage der Aristotelesrezeption zu sprechen wäre, warum hätte dann gerade diese Zeit die eigene Geschichte apologetisch schönen oder gar neu erfinden sollen, um die eigene Stellung zu stärken? Wenn denn auch von muslimischen konservativen Traditionalisten aus materiellen Gründen eher kein Interesse an christlichen Massenkonversionen bestand? Kurz: Mir erscheint das historische Material zur Geschichte der syrischen Christen unter dem Islam viel zu disparat und vielgestaltig, als dass sich Ergebnisse vorschnell plausibel machen oder verallgemeinern ließen. Die Geschichte der syrischen Christen unter dem Islam dürfte noch manche überraschende Erkenntnis bergen. Gerade die Elemente religiöser Duldung, die Christen unter muslimischen Herrschern erfuhren, könnten den interreligiösen Dialog heute anregen.

(Dr. Jobst Reller ist Pastor der Hannoverschen Landeskirche und war bis zu seiner Schließung Dozent am Missionsseminar in Hermannsburg)

[43] Reller, Mose bar Kepha, 55f.

ABSTRACT

Utterances found in the church history of patriarch Michael Rabo (d. 1199) about Muslim Arabs from the 7th century to the time of the author have astonished because of their often apparently friendly expectations towards Muslims. Recent research has been somehow more doubtful about the origin of some sayings, suggesting apologetic tendencies in the 9th century to rewrite or even reinvent history. The author puts forward a text by al-Walid b. Muslim (d. ca 810), transmitted by Ibn Hagar in his work Tahdib XI, 153–155, Nr. 254 which shows that neither Muslim conquerors nor Christian clerics needed to make up any pro-Arab tendencies during the time of the conquest. These were beyond doubt for both sides around 800. Muslims had no interest in loosing taxes by Christian conversions to Islam. Another argument is taken from Ulrich Rudolph who discovered the fact that the Jacobite theologian Mose bar Kepha (903) incorporated a text as book I in his commentary on the Hexaemeron which later on is found in an Islamic treaty on the unity of God by Abu Mansur al-Maturidi (d. 944). Which impact did a common philosophical language admitting the use of the same texts for basic questions in theology probably have on a, to some extent, dialogical atmosphere between Syriac Christians and Muslims?

Wiederherstellung der Erinnerung

Russische Protestanten auf der Suche nach einer eigenen Missionstheorie

Johannes Reimer

1. Warum brauchen die russischen Protestanten eine eigene Missiologie?

Mission in den postsowjetischen Ländern verliert an Kraft.[1] Die allgegenwärtige Begeisterung und Offenheit gegenüber den Kirchen in den 1990er-Jahren ist verflogen. Mehrere hunderttausend Protestanten haben die GUS in Richtung Westen verlassen. Die von ihnen verlassenen Kirchengemeinden haben nur in den seltensten Fällen die Kraft aufgebracht, die Evangelisierung der desillusionierten Bevölkerung adäquat fortzusetzen. Catherine Wanner untersuchte die Situation in den Kirchen der Ukraine und kommt zu dem Schluss, dass die überwältigende Mehrheit dieser Kirchen desinteressiert und unfähig sei, ihre missionarische Aktivität in Beziehung zu der sozio-kulturellen Situation der Menschen um sie herum zu bringen.[2] Wanners Beobachtungen werden von vielen geteilt. Auch unter den einheimischen Leitern wächst das Bewusstsein für die Veränderungen in der religiösen Rezeptivität der Bevölkerung. Immer deutlicher wird unter ihnen der Ruf nach einer kulturadäquaten Gestalt des Glaubens. Die Suche nach einem relevanten Christentum, das der amerikanische Missionswissenschaftler Charles

[1] Die vorhandenen Statistiken zeigen eine klare Tendenz, die wohl Ende der 1990er-Jahre angefangen hat und sich bis heute fortsetzt. Siehe in dieser Hinsicht Walter Sawatsky, Return of Mission and Evangelism in the CIS (1980s-Present). An Assessment, in: Walter Sawatsky/Peter F. Penner (Hg.), Mission in the former Soviet Union, Schwarzenfeld 2005, 110–111.

[2] Catherine Wanner, Missionaries of Faith and Culture: Evangelical Encounters in Ukraine, in: Slavic Review 63(4), 2004, 732–755; Dies., Missionaries and Pluralism: How the Law Changed the Religious Landscape in Ukraine, in: Larissa Onyshkevych/Maria G. Rewakowicz (Hg.), Contemporary Ukraine on the Cultural Map of Europe, Armonk 2009.

Kraft »appropriate Christianity«[3] nannte, hat begonnen. Michael Cherenkov stellt mit Wehmut fest, dass die slawischen evangelischen Kirchen immer noch kein eigenes missiologisches Paradigma formuliert haben[4] – was sicher nicht gleichzusetzen ist mit einem Mangel an missiologischer Literatur in russischer Sprache. Das Gegenteil ist der Fall. In den letzten zwanzig Jahren ist eine beeindruckende Bibliothek an Büchern und Artikeln missiologischen Inhalts in Russisch erschienen. Nahezu alle diese Publikationen sind Übersetzungen westlicher Autoren.[5] Auch wird Missiologie an den Bibelschulen und Theologischen Seminaren gelehrt. Sogar Online-Lehrangebote gibt es.[6] Aber auch hier sind die Lehrpläne und -inhalte vor allem westlichen Ursprungs.[7]

Die Entwicklung der Mission in den letzten Jahren wirft Fragen auf, die an der Berechtigung der Dominanz westlicher Missionstheorien zweifeln lassen. Russische Missionsleiter entwickeln zunehmend ein kritisches Verhältnis zu dem Angebot aus dem Westen.[8] Die Abhängigkeit vom Westen lähmt die russisch-evangelischen Kirchen in ihrer Evangelisation, behauptet der Leiter der Missionsbehörde des Bundes der Evangeliums-Christen Baptisten, Ruvim Voloshin.[9] Für ihn und Gleichgesinnte ist es längst an der Zeit, eine eigene russische oder wenigstens slawische Missiologie zu entwickeln. Die Proponenten einer indigenen missionarischen Theorie weisen dabei auf die neuere Entwicklung in der russisch-orthodoxen Kirche (ROK) hin.

Die ROK hat nur wenige Bücher zu missiologischen Themen aus dem Westen übersetzt.[10] Die neueren Veröffentlichungen negieren zwar nicht die anderen kirchlichen Traditionen und meiden auch nicht den kreativen Dialog mit ihnen,

3 Charles Kraft, Appropriate Christianity, Pasadena 2005, 4–5.

4 Michael Cherenkov, Global Missiological Trends and Local Realities Toward Appropriate Missiology for Post-Soviet Evangelicals. Global Missiological Trends and Local Realities, in: Bogoslowskie Rasmyschlenia (3) 2012.

5 Siehe z. B. John York, Missiologia v vek Ducha, Toronto 2002; Harold Kurz, Ocerki po missiologii, Moskva, 2002; A. Chacki/Jim Overton, Missiologia: bibleiskiy. Istoricheskiy, kulturny, strategicheskiy aspekty, Moskva 2001; David J. Bosch, Probrazovanie missii, Moskva 2002; u. a.

6 Siehe z. B. Wes Bredenhof, Reformatskie veroispovedania I missia cerkvi, in: http://www.reformed.org.ua/2/613/Bredenhof (25.1.2013).

7 Man geht davon aus, dass seit 1996 insgesamt 5.600 Missionare aus dem Westen in der GUS arbeiteten. Peter F. Penner, Critical evaluation of recent development in the CIS, in: Walter Sawatsky/Peter F. Penner (Hg.), Mission in the former Soviet Union, Schwarzenfeld 2005, 127.

8 Siehe dazu Ruvim Voloshin, Vozvedite ochi vashi i posmotrite na nivy kak oni pobeleli i pospeli k Zhatve, in: http://baptist.org.ru/articles/missions/ (1.2.2013).

9 Ebd.

10 Zum Beispiel die Dissertation des US-amerikanischen Protestanten Jacob Stamoolis zur Orthodoxen Mission, die übersetzt in Vladimir Fiodorov (Hg.), Pravoslavnaia missia segodnia, Sankt Peterburg 1999, 91–291, erschien.

suchen aber vor allem nach der Begründung der Mission aus der eigenen theologischen Tradition. Mit dem von Alexander Ginkel herausgegebenen Band »Missiologia« legt die ROK nun ihr erstes missiologisches Lehrbuch vor.[11] Die Autoren dieses beeindruckenden Werkes machen deutlich, dass eine genuine orthodoxe Missiologie nur dann zu schreiben ist, wenn dies im Dialog mit der eigenen Missionsgeschichte versucht wird, und dass ein solcher Dialog verständlicherweise die Wiedererinnerung an die Geschichten ihrer missionarischen Vergangenheit voraussetzt. Sie schreiben: »Was Christen in unseren Ländern dringend brauchen, ist die Heilung der Erinnerung an unsere in viele Puzzleteile zersplitterte missionarische Geschichte zu einem Ganzen.«[12] Sicher, »Missiologia« und andere ähnliche Veröffentlichungen orthodoxer Autoren haben dieses selbstgesetzte Ziel noch lange nicht erreicht. Die Krise des orthodoxen Missionsverständnisses ist noch nicht überwunden, wie einer der fleißigsten Missionstheologen der ROK, Andrey Kuraev, richtig unterstreicht.[13] Aber man bewegt sich wohl in die richtige Richtung.

Der orthodoxe Ansatz, so scheint es mir, benennt die Themen. Eine relevante evangelische Missiologie in Osteuropa im Allgemeinen und Russland im Besonderen verlangt nicht nur eine sorgfältige Neulektüre der Heiligen Schrift zum Thema Mission, sondern auch die Wiederherstellung der Geschichte Gottes mit der eigenen Nation und Kultur. Eine kulturrelevante Missiologie ist immer ein Ergebnis kontinuierlicher Konversation zwischen der Heiligen Schrift, der mündigen Gemeinde der Gläubigen und dem sozio-politischen Kontext, in welchem die Mission vollzogen wird. Die Vernachlässigung einer solchen Auseinandersetzung führt unweigerlich zur Überfremdung der Mission mit fremden, der jeweiligen Kultur unverständlichen Ideen, die sich bald als ungeeignet erweisen, das Herz der Menschen zu erreichen. Das begründet zurzeit die missionarische Lethargie des ostslawischen Protestantismus. Wir sind also gut beraten, auf die Empfehlung der orthodoxen Kollegen zu hören und an der Wiederherstellung der eigenen Missionsgeschichte zu arbeiten. Im Folgenden erwäge ich mögliche Optionen.

[11] Alexander Ginkel (Hg.), Missiologia, Belgorod 2010, 8.
[12] Ebd. Diese und alle anderen Übersetzungen aus dem Russischen in diesem Essay sind von mir.
[13] Andrey Kuraev, Missionerski krisis pravoslavia, Moskva 2010.

2. Evangelische Mission zu den Slawen – eine indigene Bewegung

Evangelische Mission zu den Slawen geht sowohl auf westliche[14] als auch auf östliche Quellen[15] zurück. Russland betrieb jahrhundertelang eine aktive Einwanderungspolitik. Für Übersiedler aus Europa stand die Tür nach Russland weit offen. Viele Protestanten nahmen die Einladung der russischen Regierung an. Und nicht wenige von ihnen gehörten zu pietistisch und täuferisch gesonnenen Gemeinden. Ihnen fiel vor allem die Aufgabe zu, evangelisches Gedankengut unter den Slawen zu verbreiten. Ihre Rolle beim Aufbau des ostslawischen Protestantismus ist weitgehend erforscht und gewürdigt worden.[16] Aber der enorme Erfolg der evangelischen Bewegung in Russland lässt sich aus den Bemühungen der Einwanderer allein kaum erklären. Vielmehr sind es evangeliumsorientierte Bewegungen im orthodoxen Russland selbst, die wesentlich zum Erfolg beigetragen haben. Erneuerungsbewegungen innerhalb der ROK, wie die Clysten, Prygunen, Molokanen, Tolstovzen und andere, traten in einen fruchtbaren Dialog mit den evangelischen Einwanderern und wurden zu jener Quelle, aus der der junge ostslawische Protestantismus seine Mitglieder rekrutierte.[17] Die Baptisten bauten ihre Gemeinden fast ausschließlich aus konvertierten Molokanen.[18] Auch andere evangelische Denominationen beschritten den gleichen Weg. So ist der anfängliche Erfolg der pfingstkirchlichen Missionare vor allem darauf zurückzuführen, dass sie fast ausschließlich unter den Anhängern orthodoxer Erneuerungsbewegungen arbeiteten.[19] Protestantische Mission und Evangelisation in Russland und der Ukraine ist an erster Stelle eine indigene Geschichte, die

[14] Siehe z. B. Waldemar Gutsche, Westliche Quellen des Russischen Stundismus, Kassel 1955,10–68; Wilhelm Kahle, Evangelische Christen in Rußland und der Sovietunion. Ivan Stepanovic Prochanov (1869–1935) und der Weg der Evangeliums Christen und Baptisten, Kassel 1978, 38–79; Hans-Christian Dietrich, Ursprünge und Anfänge des russischen Freikirchentums, Erlangen 1985, 215ff.; u. a.

[15] Kahle, Evangelische Christen, 90–104; Dietrich, Ursprünge, 155ff.; u.a.

[16] Kahle, Evangelische Christen, 38–89; Hans Kasdorf, Flammen unauslöschlich, Lage 1991, 71ff.

[17] Kahle, Evangelische Christen, 90ff.; Marina S. Karetnikova,The missionary movement in Russia: the 19th and 20th centuries, in: Sawatsky, Mission and Evangelism, 64–73; siehe Beispiele in Vladimir Franchuk, Probuždenie: ot centra Odessy do okrain Rossii, Odessa 2011, 225.

[18] Heinrich Löwen, Russische Freikirchen. Die Geschichte der Evangeliums-Christen und Baptisten bis 1944, Bonn 1995, 94–95; Kahle, Evangelische Christen, 180.

[19] Vladimir Franchuk, Prosila Rossija dozhdia u Gospoda, Tom 1, Kiev 2001, 326–329; Leonard Frank, Gemeindewachstum der Pfingstgemeinden in der UdSSR im 20. Jahrhundert, Unveröffentlichte MTh Dissertation, Pretoria 2013, 51.

durch westliche Einflüsse ihre protestantische Gestalt erhielt.[20] Wenn der Weg zu einer angemessenen Missiologie der Wiederentdeckung missionarischer Erinnerung bedarf, dann muss diese Erinnerung eine gründliche Analyse sowohl der westlichen als auch der östlichen Quellen der evangelischen Missionsgeschichte in Russland und der GUS beinhalten. Es ist erschreckend, wie wenig moderne Leiter evangelischer Missionen von den missionarischen Theorien und der Praxis ihrer Vorväter wissen. Ruvim Voloshin, Leiter der baptistischen Mission, z. B. beschreibt den Glauben »unserer Vorväter« als »Gottes-Bolschewismus«.[21] Man kann sich kaum negativer äußern.

Woher stammt denn die weitverbreitete negative Haltung der slawischen Protestanten zu ihrer eigenen Missionsgeschichte? Ich führe es auf die jüngste sowjetische Vergangenheit zurück. Eine Kirche, welche unter dem Druck des Staates ums Überleben kämpfte, konnte in keinster Weise über ihre eigene Missionstheologie diskutieren, noch eine solche entwickeln. Heinrich Klassen, der die meisten Veröffentlichungen der russischsprachigen evangelischen Christen während der Sowjetzeit analysiert hat,[22] kommt zu dem Schluss, dass in der untersuchten Zeit wenig bis gar nichts über Mission geschrieben wurde. Die offiziellen Publikationen wie Bratski Vestnik[23] oder auch die im Untergrund erschienene Literatur schweigen zum Thema Mission. Klassen schließt daraus: »Es scheint, dass die evangelischen Kirchen in der Sowjetunion weder die Zeit noch die Energie hatten, sich mit den Themen der Mission theologisch auseinanderzusetzen.«[24] Leonard Frank, der die Literatur der Pfingstgemeinden in der gleichen Zeitperiode analysiert hat, kommt zu einem ähnlichen Schluss.[25]

Die Abwesenheit einer Missionstheologie bedeutet jedoch nicht, dass es keine missionarische Praxis gegeben hätte. Sogar in Zeiten schlimmster Verfolgung bezeugten die Gemeinden ihren Glauben. Doch in beinahe allen Fällen geschah dies durch das praktische Zeugnis der Christen. Klassen fasst die Ergebnisse seiner Untersuchung atheistischer Quellen zusammen: »Aus atheistischer Sicht

20 Steve Durassoff, The Russian Protestants. Evangelicals in the Soviet Union, 1944–1964, Rutherford 1969, 25, sieht die orthodoxen Erneuerungsbewegungen als die eigentlichen Bedingungen für den Protestantismus in Russland.

21 Voloshin, Vozvedite otchi.

22 Heinrich Klassen, Mission als Zeugnis – Zur missionarischen Existenz in der Sowjetunion nach dem Zweiten Weltkrieg, Lage 2001.

23 Bratski Vestnik ist eine Publikation des Allunionsrates der Evangeliums-Christen-Baptisten.

24 Heinrich Klassen, Mission as bearing – immigrant witness in Germany, in: Mission Focus 2006, Vol.14, 167.

25 Frank, Gemeindewachstum, 95.

wurde Mission in erster Linie nicht als Proklamation *expressis verbis* verstanden, sondern als Vorleben einer veränderten Lebensweise.«[26] Die harsche Verfolgung hat die Protestanten nicht davon abgebracht, missionsgesinnt zu sein. Nikol'skaia zitiert atheistische Beobachter, die sich beschweren, dass »die Verfolgten, wo auch immer sie hin verbannt wurden, eine missionarische Aktivität entwickelten und es vollbrachten, einige Bewohner zu Anhängern ihres Glaubens zu machen.«[27]

Mit der Öffnung der Gesellschaft unter Gorbatschow und dem wachsenden Zugang westlicher Missionswerke zu den evangelischen Gemeinden wurde die Abwesenheit einer ausformulierten Missionstheorie bald von den jüngeren Leitern als missionarische Ignoranz interpretiert. Das Resultat war eine rasante Zuwendung zu westlichen Konzepten mit der gleichzeitigen Tendenz, die eigene Missionsgeschichte als inadäquat abzulehnen. Und westliche Missionen wiesen von Anfang an kaum Interesse an der Förderung indigener Praxis auf.[28]

Der missionstheologische Stillstand in den protestantischen Gemeinden Russlands hat politische Gründe. Es wäre falsch, ihn zum Anlass einer grundsätzlichen Ablehnung der eigenen Missionsgeschichte zu nehmen. Die orthodoxen Wegbereiter betrachten ihre Gesamtgeschichte. Und das ist richtig so. Auch die Protestanten werden sich aus dem Griff der sowjetischen Epoche befreien und die Geschichte Gottes mit ihren Landsleuten von Anfang an betrachten müssen, wenn sie zu einer adäquaten Missionstheorie gelangen wollen. Allem anderen voran werden sie die erweckungsähnlichen Jahre ihrer Anfänge ins Visier nehmen müssen. Walter Sawatsky schlägt sogar vor, diese Zeitperiode zwischen 1870 und 1930 als »das goldene Zeitalter der ost-slawischen Evangelischen« zu betrachten.[29] Welche überraschenden Ergebnisse eine solche missionshistorische Arbeit befördern könnte, zeigt mein Versuch, mich der Missionstheologie der beiden Gründer der evangelischen Bewegung in Russland und der Sowjetunion zu nähern: Ivan S. Prochanov für die Kirchen der evangelischen Christen und Ivan E. Voronaev für die Pfingstkirchen.

[26] Klassen, Mission as bearing, 170.

[27] Tat'jana Nikol'skaia, Russkij protestantizm i gosudarstvennaja vlast' v 1905–1991 gg.. Sankt-Petersburg 2009, 188.

[28] Siehe in dieser Hinsicht Johannes Reimer, Mission in post-perestroika Russia, in: Missionalia Nr. 24.1, 18–39.

[29] Walter Sawatsky, The centrality of mission, in: Walter Sawatsky/Peter F. Penner (Hg.), Mission in the former Soviet Union, Schwarzenfeld 2005, 48.

3. Evangelische Missionstheorie in den Schriften der Gründerväter

Die Entwicklung des ostslawischen Protestantimus ist unmittelbar mit dem Namen von Ivan S. Prochanov (1869–1935) verknüpft. Prochanov hat sich immer wieder auch schriftlich zur Mission geäußert. Die Analyse seiner Schriften ermöglicht detaillierte Rückschlüsse über seine Theologie der Mission. Seine Erkenntnisse könnten wesentlich zur Formulierung einer indigenen Missionstheologie der Protestanten in Russland beitragen. Historiker wie Bachinin drängen die russische Kirche als Ganzes, die Einsichten Prochanovs zu studieren, da er sie als äußerst wichtig für die Suche nach der Zukunft für Russland erachtet.[30]

Prochanovs Werdegang wurde sowohl in seiner Autobiografie[31] als auch in zahlreichen Monografien[32] veröffentlicht. Geboren und sozialisiert in einer Molokan-Familie, wurde er als junger Mann in der Baptistengemeinde getauft, studierte am Technologischen Institut von St. Petersburg Engineering und am Baptisten-College in Bristol, dem Congregational Mamstead New College und an der Universität Sorbonne in Paris sowie an der Humboldt-Universität in Berlin Theologie. Martin Luther und Charles Spurgeon nennt er seine spirituellen und theologischen Väter, aber noch mehr Jan Hus, den tschechischen Reformator. Er war so stark von der hussitischen Bewegung beeinflusst, dass er sogar 1924 um eine Ordination bei den Hussitischen Brüdern bat, um so eine Verbindung zwischen der Hussitischen Bewegung und der »russischen Reformation« herzustellen. Den Hussiten verdankt er auch wesentliche Elemente seiner Missionstheorie.[33] Den Kirchen der Reformation steht Prochanov eher skeptisch gegenüber, was vor allem mit seinem Theologiestudium bei Harnack und Pfleiderer in Berlin zusammenhängt.[34] Er kritisiert an der westlichen protestantischen Theologie ihren wissenschaftlichen Skeptizismus, weil dieser »Unglauben hervorruft«, und an den Kirchen der Reformation, dass diese sich von ihren historischen Wurzeln in der Orthodoxie und dem Katholizismus abgrenzen.[35] Erst spät in seinem Le-

30 N. Bachinin in: http://kolokol.net/content/64-credo-/385-ivan-prohanov (1.1.2013).

31 Ivan S. Prokhanov, In the Cauldron of Russia, New York 1933.

32 Kahle, Evangelische Christen; Leonid Shenderovski, Evangel'skie christiane. Vozrozhdenie evangel'skogo dvizhenija v istoricheskoi christianskoi cerkvi. Istoricheskii ocherk (XIX-XX vv.), Toronto 1986; V. A. Popov, I. S. Prokhanov. Stranicy zhizni, St. Peterburg 1996.

33 Sawatsky, The centrality of mission, 41.

34 Kahle, Evangelische Christen, 437.

35 Siehe die ökumenische Orientierung von Prokhanov in Kahle, Evangelische Christen, 439f.

ben scheint er seine Haltung etwas zu revidieren. Jakob Kroecker, der Leiter des Missionswerkes »Licht im Osten«, berichtet 1931 über Prokhanovs Bitte ihm zu helfen, Beziehungen zu den Kirchen der Reformation herzustellen.[36] Wie dachte nun Prochanov über die Mission?

1. Mission ist nicht einfach eine Aufgabe der Kirche, sondern vielmehr ein Geschenk Gottes an die Kirche.[37] Es ist der dreieinige Gott selbst, den der Zustand, in dem seine Welt sich befindet, beschäftigt. Es ist *sein* Geist, der die Mission anregt, *sein* Sohn, der die Grundlage für Mission legt, und *seine* Liebe, die seine starke Hand in Richtung der bedürftigen Welt bewegt.[38] Mission muss trinitarisch begründet, als Mission Gottes bestimmt werden.

2. Mission erfordert ein tiefes Verständnis davon, wie zentral die Liebe Gottes in Christus ist, welche das Fundament wahrer christlicher Spiritualität und der missionarischen Kraft der Kirche begründet.[39] In Christus und seiner Lehre sieht Prochanov den einzigen Weg, sowohl den einzelnen Menschen als auch die Gesellschaft und Kultur, ja die ganze Menschheit zu erneuern.[40]

3. Die Mission Gottes will den Menschen zurück in die Beziehung zu Gott führen und ihn erziehen, in Gottes Wort und Willen zu leben. Wenn die Kirche nicht das Evangelium verkündet und nicht das Lesen der Bibel fördert, verliert eine Nation, sogar eine christliche Nation, ihre moralische und spirituelle Stärke und ihre kulturelle Vitalität.[41] Die Verkündigung des Evangeliums in Wort und Tat ist zentral für die Mission der Kirche.[42]

4. Mission in einem orthodoxen Land wie Russland ist zuallererst als Reformation der Nation und ihrer Kultur anzusehen.[43] Sie fordert den Einsatz aller Gläubigen, aller Teile des Leibes Christi, aller Denominationen, auch und vor allem der ROK,[44] aller Männer und Frauen. Eine Trennung von Geschlechtern für die Leitung der evangelisch-christlichen Kirche ist nicht akzeptabel. Im Jahre 1922 formulierte Prochanov den berühmten »Evangelischen Ruf«,[45] in dem er

[36] Jakob Kroecker, Nachrichten, in: Dein Reich komme 7/1931, 204f.; Kahle, Evangelische Christen, 444.
[37] Prokhanov, In the Cauldron, 131.
[38] Ivan S. Prokhanov, V kotle Rossii, St. Peterburg 1992, 40–41.
[39] Brief von I. S. Prochanov an V. A. Pashkov vom 17.5.1898, Archiv des VSEChB, Moskva. Zitiert in Bachinin.
[40] Prachanov, V kotle, 76.
[41] Ebd. 20–21.
[42] Ebd. 83.
[43] Hierin widersprachen ihm vor allem die Baptisten. Siehe Popov, I. S. Prochanov, 87ff.; Kahle, Evangelische Christen, 501ff.; u. a.
[44] Ivan S. Prokhanov, Erfolge des Evangeliums in Rußland, Wernigerode 1929, 29–30.
[45] Siehe den ganzen Text in: http://charismaticoc.narod.ru/business7.html (10.2.2013).

alle orthodoxen Gläubigen einlud, an der spirituellen Reformation Russlands teilzunehmen. 1928 wurde ein weiterer landesweiter Aufruf gestartet, den Prochanov »Auferstehungsruf« nannte. In diesem wurden alle Christen dazu eingeladen, bei der ganzheitlichen Erneuerung des Glaubens und der Kultur in Russland mitzuwirken.[46] Im »Evangelischen Ruf« fordert Prochanov die orthodoxe Kirche dazu auf, zu einer inklusiven Haltung im Bezug auf die Rolle der Frauen innerhalb der Kirche und ihrer Mission zu kommen.[47]

5. Mission als Reformation bedeutet, dass man sich zu den Menschen in Not bewegt. In seiner Autobiografie berichtet Prochanov von einem persönlichen Traum, der seine Theologie in weiten Teilen beschreibt. In diesem Traum sah er Jesus, wie dieser zur Erde zurückkehrt und Goldmünzen in die Menschenmenge wirft. Als er anfing, diese aufzusammeln, flogen sie sofort von ihm weg in die Hände der Armen und Bedürftigen.[48] Für Prochanov wurde dieser Traum zu einer Lektion für sein Leben – von diesem Moment an war sein Leben den Menschen in Not verschrieben.

6. Mission setzt die Einheit zwischen Christen voraus. Prochanov hat den größten Teil seiner Kraft dafür eingesetzt, die verschiedenen Erneuerungsbewegungen in seinem Land zusammenzuführen. Er hat stark an die transformative Kraft der Einheit von Christen geglaubt. In einem Artikel in *Bratski Listok* schreibt Prokhanov: »Die evangelische Bewegung zielt auf eine Erneuerung allen religiösen Lebens der russischen Menschen ab. Damit diese Bewegung in dieser Aufgabe Erfolg haben kann, müssen sich alle seine Zweige vereinen. Falls sie sich jedoch nicht vereinen sollten, werden sie austrocknen, sich in verschiedene Sekten aufteilen und spirituell sterben. Wenn sie sich aber vereinen, werden sie stark und können effektiv auf die Reform allen religiösen Lebens der russischen Menschen Einfluss nehmen.«[49]

7. Mission als Reformation kopiert die Erfahrungen der Kirche in anderen Ländern nicht, sondern sucht nach einem eigenen kulturangepassten Weg, Menschen zur Erneuerung und Wiedergeburt zu führen.[50] Das setzt Kontextualisierung voraus. Mission muss in einer Weise geschehen, dass sie verständlich für

[46] Der Text wurde veröffentlicht in Evangel'skaia vera 4/1933,10–17. Siehe Kahle, Evangelische Christen, 542ff.; P. Andrey P. Puzynin, The Tradition of the Gospel Christians. A Study of Their Identity and Theology during the Russian, Soviet and Post-Soviet Periods. Eugen, Oregon 2011, 163ff.

[47] Siehe Evangel'ski klich, 20, in: http://charismaticoc.narod.ru/business7.html (1.2.2013).

[48] Prochanov, V kotle, 43–44.

[49] Prochanov, Ob edinstve, in: Bratski Listok 09/1910,19.

[50] Prokhanov, Atheism or the Gospel in Russia – Which?, New York 1933, 128.

die Menschen im Kontext ist.[51] Sie wird von Menschen ausgeführt, die inmitten ihres Volkes spirituell erneuert wurden. Nicht der Import westlicher theologischer Überzeugungen und auch nicht ein organisiertes Unterfangen der offiziellen Staatskirche, sondern vielmehr eine Bewegung von an Christus hingegebenen Menschen ist von Nöten.[52]

8. Mission ist Gottes ganzheitliches Unternehmen. Prokhanov schreibt: »Wir glauben beständig, dass Christsein nicht nur Worte sind, sondern auch Taten, nicht nur Lehre, sondern auch transformiertes Leben. Deshalb darf sich die evangelische Bewegung in Russland nicht bloß in der Verkündigung äußern, sondern auch in der Erschaffung neuer Formen des sozio-ökonomischen Lebens.«[53] In seinem programmatischen Artikel über »Das neue oder evangelische Leben« nennt Prochanov mehrere Bereiche des individuellen und sozialen, pädagogischen und ökonomischen Lebens eines Volkes, die seiner Ansicht nach durch das Evangelium verändert werden müssen.[54] Er fordert die Transformation der Lebensräume von Menschen, der Städte und Dörfer Russlands, als historische Aufgabe für die Mission von Gläubigen.[55] Er will, dass mindestens die Hälfte aller Mitglieder der Russischen Akademie für Wissenschaft aus evangelischen Christen bestehen solle.[56] Christen sollen die besseren Bürger Russlands sein, sie sollen bessere ökonomische Resultate erzielen[57] und sollen ihre ökonomische Struktur evangeliumsgemäß organisieren, damit sie so zu Instrumenten der Transformation werden. Er plante sogar eine neue Evangeliumsstadt, ein Projekt, das wegen dem Beginn der Repression unter Stalin nie angefangen wurde.[58] Mission als soziale Transformation ist bei Prochanov nicht das Resultat politischer Umbrüche, sondern vielmehr das Ergebnis einer »spirituellen Revolution«, die sich im Geist der Liebe der sozialen Missstände annimmt. Gott selbst ist ihr Initia-

[51] Evangel'ski klich, 24.
[52] Prokhanov, Atheism, 126.
[53] Ivan S. Prochanov, Evangel'skoie christianstvo i social'nyi vopros, Petrograd 1918, 12. Siehe auch Ivan S. Prokhanov, A new religious Reformation in Russia, New York 1925, 4; Kahle, Evangelische Christen, Ivan, 445f.
[54] Prokhanov, A new religious Reformation 1925, 4ff.
[55] Ebd. 26.
[56] Prochanov, Erfolge des Evangeliums, 38.
[57] Prokhanov, Triumph of the Gospel in the Heart of Russia, New York 1928, 19.
[58] Siehe eine Darstellung sozial-ökonomischer Vorstellungen Prochanovs bei Kahle, Evangelische Christen, 450ff.; Popov, I. S. Prokhanov, 97ff., 133–148; u. a.

tor.[59] Mission bringt Gerechtigkeit in den sozialen Raum, weil Gerechtigkeit in der Welt durch Jesus möglich geworden ist.[60]

9. Die Mission der russischen evangelischen Kirche soll sich nicht auf ihr eigenes Land begrenzen, sondern ihren universalen Auftrag erfüllen, ein Beispiel und ein Zeuge der Erneuerung der Welt für die globale Kirche sein; vor allem für die protestantische Kirche des Westens, um sie so einzuladen, zum apostolischen Geist und zum ursprünglichen Christentum zurückzukehren.[61] Sehr bald nach der Revolution und der neuen religiösen Freiheit im Land sandte Prochanov Missionare nicht nur zu einer Mehrzahl von nicht-russischen Volksgruppen innerhalb Russlands, sondern auch nach Indien und China aus.[62]

Der zweite Gründervater des ostslawischen Protestantismus, dessen Missionsverständnis ich näher betrachten will, ist der Gründer der slawischen Pfingstbewegung, Ivan Efimovich Voronaev (1885–1937). Es sind seine Werke und Schriften, die die Theologie dieser Bewegung formten. Geboren in der Orenburg-Region, bekehrte er sich zu Christus im Jahre 1908 und fing beinahe sofort damit an, das Evangelium in den Baptistengemeinden in Irkutsk und Krasnojarsk zu verkünden. 1911 wurde er auf Druck des Staates gezwungen, Russland zu verlassen. Über China reiste er in die USA, wo er als Pastor einer russischsprachigen Gemeinde in San Francisco diente.[63] Zwischen 1912 und 1915 studierte Voronaev Theologie am Berkeley Theological Seminary, während er gleichzeitig als Pastor und Evangelist in seiner Baptistengemeinde arbeitete – zunächst in Los Angeles (1913–1916), dann in Seattle (1916–1917). Dort traf er Ernest Williams, einen bekannten Leiter der Assemblies of God. Williams machte ihn mit der pfingstkirchlichen Theologie und Praxis bekannt.[64] 1917 zog Voronaev nach New York, wo er bis 1919 eine russische Baptistengemeinde leitete, bis zu dem Jahr, wo er und zwanzig andere Mitglieder dieser Baptistengemeinde die sogenannte Geistestaufe erlebten und die Gabe der Zungenrede erhielten. Am 1. 7. 1919 gründeten sie folglich die erste russische Pfingstgemeinde in New York.[65] Es folgte eine Reihe von Gemeindegründungen in den USA. Inmitten

[59] Prokhanov, V kotle, 40–41.
[60] Evangel'ski klich, 26.
[61] Ebd. 131.
[62] Bachinin.
[63] Franchuk, Prosila Rossija, 8–10; Durasoff, The Russian Protestants, 68.
[64] Nikolai Usach/Vladimir Tkachenko, Poslannik piatidesiatnicy. K istorii piatidesiatnicheskogo dvizhenija, Vinnica 2006, 91.
[65] Durasoff, The Russian Protestants, 52.

dieser aufregenden Mission erhielt Voronaev den Ruf von Gott, nach Russland zurückzukehren. Ein Jahr nach der Gründung der Pfingstgemeinde in New York, am 15. 7. 1920, reiste Voronaev zusammen mit zwei weiteren Familien, Saplyshnych und Koltovich, nach Konstantinopel in der Türkei, um dann nach Odessa weiterzureisen.[66] Am 12. 8. 1921 kam Voronaev als Missionar zurück nach Russland.[67] In weniger als zehn Jahren organisierte und leitete er eine missionarische Bewegung, die bis zum Jahre 1930, dem Jahr seiner Inhaftierung, insgesamt 25.000 Mitglieder in 400 Gemeinden erfasste.[68] 1937 wurde Voronaev hingerichtet.

Wie sah Voronaev Mission? Seine theologische Ausbildung erhielt er in den USA, und er folgte der klassischen pfingstlerischen Lehre der amerikanischen Pfingstkirchen. Wie hat dies seine Theologie der Mission beeinflusst? Unterschied er sich von Prochanov und wenn ja – worin? Es gibt leider keine ausformulierte Missiostheorie Voronaevs. Er schrieb einige Artikel, und andere reflektierten über seinen Dienst und seine Lehre – genug, um zumindest die Richtung seiner Gedanken aufzuzeigen.

1. Mission in Voronaevs Denken ist zuerst und vor allem die Mission Gottes! Der dreieinige Gott ist sowohl der Initiator als auch der Hauptakteur der Mission. Er beruft und sendet Menschen in die Mission.[69] Er ist der liebende Vater und Schöpfer der Welt, der Erlöser in Jesus Christus und »der Initiator, der Motivator und der Supervisor der Weltmission« im Heiligen Geist.[70] Ohne eine tiefer gehende Diskussion legt Voronaev eine trinitarische Grundlage der Mission vor, die für das westliche protestantische Denken seiner Zeit weniger typisch war.

2. Die Kirche ist Gottes primärer Akteur der Mission. Sie hat keinen anderen Grund für ihre Existenz in der Welt als die Mission Gottes. Alle Mitglieder der Kirche sind in die Mission gerufen. Voronaev behauptet: »Du kannst kein Christ sein, ohne Missionar zu sein.«[71] Die missionarische Kirche folgt dem Beispiel Christi.[72] Sein Leben war gekennzeichnet durch Mission, und so muss die Kirche Christi konsequent Mission als ihr Zentrum haben.

3. Mission sucht die Wiederherstellung der Beziehung zwischen Gott und Mensch. Das Ziel aller Mission ist die Konversation eines Sünders mit Gott und

[66] Usach, Poslannik, 97–103; Franchuk, Prosila Rossija, 22.
[67] Franchuk, Prosila Rossija, 21; Usach, Poslannik, 98; und andere.
[68] Franchuk, Prosila Rossija, 154.
[69] Ivan Voronaev, O Boge, in Evangelist 1928, 15–16.
[70] Voronaev, Kakuju silu imeet Duch Svjatoj, 7.
[71] Ivan Voronaev in: Evangelist 1928/8, 22.
[72] Usacho, Poslannik,105; Frank, Gemeindewachstum, 98.

als Folge daraus die Transformation seines gesamten Lebens.[73] Was auch immer die Kirche tut, sie muss Menschen zu Christus und zu einem erfüllten Leben im Heiligen Geist führen. Die Transformierten bilden das neue Volk Gottes, die Kirche der Erwählten und Erlösten. Das führt zu einer offensiven Gemeindegründung.[74] Die Berufung von Evangelisten und Gemeindegründern in dieser jungen Bewegung unterstreicht diese Priorität deutlich. Beim ersten Kongress der von Voronaev neu gegründeten »Ganzukrainischen Union der Christen evangelischen Glaubens« wurden 30 männliche und fünf weibliche Evangelisten damit beauftragt, die Evangelisation in der ganzen UdSSR zu fördern und zu unterstützen.[75] Weitere wurden ein Jahr später gesandt.[76]

4. Mission ist ein ganzheitliches Unterfangen – das Evangelium muss in Wort und Tat verkündigt werden. Voronaev forderte seine Gefolgsleute auf, ihr Leben in den Dienst der Hungernden und Bedürftigen zu stellen.[77] Der materielle und soziale Dienst, wie ihn Voronaev lehrte, ist, nach Meinung der sowjetischen Historikerin Mel'nik, ausschlaggebend für das Wachstum der Pfingstgemeinden.[78] Mel'nik fügt hinzu: »Jede Familie, die sich in materieller Not befindet, kann sich auf die Hilfe einer Pfingstgemeinde verlassen.«[79] Die diakonische Arbeit wurde zum stärksten »Argument für die Arbeit des Heiligen Geistes innerhalb einer Pfingstgemeinde«.[80]

5. Mission ist Gottes Unterfangen und wird deshalb von Zeichen und Wundern begleitet. So wichtig für Voronaev menschliches Bemühen um die Menschen auch ist – im Zentrum steht göttliches Eingreifen in die Belange des Lebens. Er rechnet mit der wundertätigen Arbeit des Heiligen Geistes in Heilungen, Wundern und Zeichen.[81] Tatsächlich wurde Gebet für göttliche Heilung zu einem integralen Bestandteil des Dienstes der Pfingstler und ihrer Missionsarbeit.[82]

[73] Voronaev in: Evangelist 1928/1, 1.

[74] Voronaev, O Cerkvi Christovoi, in: Evangelist 1928/1, 6–7.

[75] Franchuk, Prosila Rossija, 67–69; Usach, Poslannik, 184–187.

[76] 1927 begannen weitere 25 Unionsevangelisten ihre Arbeit (Franchuk, Prosila Rossija, 337–338).

[77] Einige dieser Predigten wurden im »Evangelist« veröffentlicht. Siehe bspw. Voronaevs Predigt über den Hunger in Odessa in: Evangelist 1928/2, 15–17.

[78] Viktoria Mel'nik, Ėvoliuciia sovremennogo piatidesjatnichestva, L'vov 1985, 46; siehe auch Frank, Gemeindewachstum, 124–125.

[79] Viktoria Mel'nik, Molodiozh' v piatidesjatnichestve: poiski ideala, L'vov 1992, 102.

[80] Mel'nik, Molodiozh, 143.

[81] Siehe beispielsweise Voronaev über Heilung als Teil des missionarischen Rufes der Kirche, in: Evangelist 1928/3–4, 1; 1928/5, 20. Frank (Gemeindewachstum, 137–139) listet eine große Anzahl an Artikeln aus pfingstlerischen Publikationen dieser Zeit auf, wie z. B. »Primiritel'« und »Evangelist«, die stark diese Beobachtung unterstützen.

[82] Nikol'skaja, Russkij Protestantizm, 68.

»Der Dienst der Heilung wurde als Bevollmächtigung sowohl der Verkündigung als auch der nonverbalen Verkündigung *par excellence* betrachtet.«[83]

6. Mission ist ein organisiertes und strategisch ausgeführtes Unternehmen Gottes. Der sowjetische Historiker Moskalenko fasst Voronaevs Mission zusammen und sagt: »Voronaev motivierte andere durch Konferenzen und trainierte einige seiner Anhänger in einer relativ kurzen Zeitperiode für Mission.«[84] Für ihn war Mission offenkundig die erste Priorität, und er organisierte die Missionsarbeit seiner jungen Kirche mit einer scharfen missionarischen Vision und strategischen Kompetenz.[85] Er schrieb im *Evangelist*: »Es ist die Verantwortung eines jeden Mitgliedes der Kirche, das Evangelium zu verkündigen. Und diese Verkündigung muss mit Tapferkeit und der Kraft des Heiligen Geistes geschehen.«[86] Es ist faszinierend zu sehen, wie strategisch er seine Arbeit anfing, indem er zuerst zu den offenen Menschen bei den Molokanen und den Duchoborzy ging. Aufgrund von Voronaevs Arbeit kamen viele Mitglieder der Molokanen und der Duchoborzy zum pfingstlerischen Glauben.[87] Schon bald wuchs seine Gemeinde an Mitgliedern und erlaubte es ihm, in weitere Schichten der Gesellschaft vorzudringen.

7. Mission und Evangelisation setzt eine Kirche voraus, die für ihren Auftrag vorbereitet ist. Voronaev, der selber theologisch gebildet war, arbeitete hart dafür, um eine Schule für missionarisches Training aufzubauen. Doch aufgrund von politischen Umständen konnte seine Vision nicht realisiert werden.[88] Frank verweist auf andere Instrumente für missionarisches Training wie Publikationen und Kongresse, die Voronaev umfangreich nutzte, um sowohl eine missionarische Kultur als auch ein missionarisches Verständnis in seinen Gemeinden zu etablieren.[89]

[83] Frank, Gemeindewachstum, 139.
[84] Aleksei Moskalenko, Pjatidesjatniki, Moskva 1973, 127.
[85] Siehe z. B. Franchuk, Prosila Rossija, 67–69; Usach, Poslannik, 184–187.
[86] Voronaev, O cerkvi, 7.
[87] Frank, Gemeindewachstum, 55.
[88] Franchuk, Probuzhdenie, 382.
[89] Ivan Voronaev, O Bozh'em uteshenii, in: Evangelist 1928/2, 15; Frank, Gemeindewachstum, 94–95.

4. Die Wiederentdeckung der missionarischen Erinnerung – zu einer indigenen Missiologie

Wir haben uns zwei Stimmen der Vorväter des ostslawischen Protestantismus angeschaut. Die vorgestellten Überzeugungen werfen eine Reihe von Fragen auf. Woher hatten diese Männer ihre Sicht der Mission? Puzynin vermutet, dass ihre Werke vor allem von angelsächsischen Erweckungspersönlichkeiten beeinflusst wurden.[90] Aber die geschilderten Vorstellungen, allen voran Prochanovs, gehen doch weit über das angelsächsische Modell hinaus.

Beide Persönlichkeiten begründen die Mission trinitarisch.[91] Das ist zwar gut orthodox gedacht, aber für die Zeit absolut untypisch für die evangelische Missiologie des Westens. Beide, Prochanov wie Voronaev, haben die Transformation der Gesellschaft im Blick, die Prochanov Reformation nennt. So deutlich finden sich diese Vorstellungen weder in den pietistischen noch in angelsächsischen Erweckungsgruppen im Westen wieder. Und beide denken ausgesprochen kirchenzentriert, was für die Glaubensmissionen der Zeit, von denen sie hätten lernen können, eher untypisch war. Prochanov, stärker als sein Zeitgenosse Voronaev, hat einen klaren Blick für Kontextualisierung und die Unabhängigkeit von importierten Modellen. Er bemüht sich sichtbar darum, eigene, typisch russische Wege zu beschreiten, weil er auf diese Weise einen Aufbruch seines Volkes zu Christus vermutet. Und Voronaev legt als Pfingstler einen stärkeren Akzent auf die pneumatologische Dimension der Mission. Aber auch bei Prochanov ist die Idee einer »spirituellen Revolution« zu finden, die über die klassischen Missionskonzepte des Westens der damaligen Zeit hinausgeht.

Diese und ähnliche Überzeugungen zeigen genau die »Wurzeln des Ostens«, welche wohl zu dem enormen Erfolg der Protestanten in der Zeit ihrer goldenen Jahre zwischen 1917 und 1929 beitrugen. Manche von ihnen klingen überraschend modern. Beim Lesen der slawischen evangelischen Väter wurde ich immer wieder an das »aufkommende postmoderne Paradigma der Mission« von David Bosch erinnert.[92] Bis auf zwei lassen sich alle 13 Elemente[93] seines ökumenischen Paradigmas in den Schriften der Väter des ostslawischen Protestantismus finden. Auch sie sprechen von Mission als Mission Gottes, einer Kirche

[90] Puzynin, The Tradition, 147.
[91] Ebd.147.
[92] David J. Bosch, Transforming Mission. Paradigm Shifts in Theology of Mission, Maryknoll 1991, 349ff.
[93] Ebd. 368–510.

mit anderen, Vermittlung der Erlösung, einem Akt der Gerechtigkeit, Evangelisation und Kontextualisierung, Freisetzung und Inkulturation, Zeugenhandlungen der Hoffnung für die Nation. Mission war für sie eindeutig eine Arbeit des ganzen Volkes Gottes. Sicherlich wurde weniger über Theologie und interreligiösen Dialog gesprochen, doch war ihre Situation auch eine einzigartige.

Slawische Evangelische können und sollten auf ihr Erbe zurückschauen. Von der Missiologie der Väter und Mütter ging zu viel in der sowjetischen Zeit verloren. Man war mit dem Existenzerhalt beschäftigt. Heute kümmert man sich wohl immer noch um die Bedürftigen, doch vor allem um die eigenen Mitglieder. Sie erwarten noch immer, dass Gottes Geist Kranke heilt, aber in erster Linie die Mitglieder ihrer eigenen Kirche.[94] Die missionarische Begeisterung vieler slawischer evangelischer Kirchen hat während des letzten Jahrzehnts ihren Schwung verloren. Es bleibt zu hoffen, dass der Trend bald umgedreht wird und evangelische Kirchen an der erwecklichen und missionarischen Vergangenheit anknüpfen können.

(Prof. Dr. Johannes Reimer ist in der ehemaligen Sowjetunion geboren und aufgewachsen. Er lehrt Missiologie an der Universität von Südafrika und an der Theologischen Hochschule in Ewersbach. Er ist Vorsitzender der Gesellschaft für Bildung und Forschung in Europa und Autor zahlreicher Bücher und Artikel über die Mission der Kirche.)

ABSTRACT

Evangelism and mission in countries of the former Soviet Union have lost their momentum. While about a decade ago masses of people flocked into evangelistic meetings of Evangelicals, nowadays only a few individuals can be persuaded to attend such a service. Russian-speaking Evangelicals maintain that the decreased interest of the population in the Gospel is mainly due to the lack of an adequate indigenous missiology. Almost all missionary efforts are based on Western ideas and methods. At the same time the history of Eastern Slavic Protestantism demonstrates its own fascinating development, which, when applied to the missionary practice, certainly has the potential to breathe new life into the waning missionary work of the Evangelicals. In this situation the missionary theory of the fathers of Eastern Slavic Protestantism, Ivan S. Prokhanov and Ivan E. Voronaev, is considered a potential source and important foundation of an indigenous East-Slavic Missiology.

[94] Frank, Gemeindewachstum, 140–142.

Junge Kirchen: Ein überholtes Wort?

Heinrich Balz

Aus Anlass einer insgesamt nicht unfreundlichen Besprechung meines Buchs »*Der Anfang des Glaubens*. Theologie der Mission und der jungen Kirchen«, Neuendettelsau 2010, durch Ulrich Dehn[1] mache ich Gebrauch von der mir gebotenen Möglichkeit, im Kritischen Forum einen Punkt zu präzisieren, beziehungsweise: richtig zu stellen. Dehns Vermutung, dass ich unter »junge Kirchen« auch die Kopten, andere orthodox orientale Kirchen und die alten Thomas-Christen in Südindien mit einbezogen hätte, trifft nicht zu. Jeder aufmerksame Leser der Seiten 44, 51 und 70 wird bestätigen können, dass dies nicht der Fall ist; auch Dehn hat mir dies inzwischen zugestanden. Junge Kirchen sind für mich alle und nur die Kirchen, denen, anders als den alten, der Blick auf ihren neuzeitlichen menschlichen Anfang transparent ist. Der Gegenbegriff zu unbelasteter junger Kirche ist für mich nicht die reife, erwachsene sendende und mächtige Kirche, sondern die alte, schwach gewordene westliche europäische Kirche: für dieses Verständnis von »jung« verweise ich vor allem auf D. T. Niles, den Theologen aus Sri Lanka, der dies 1962 so verstand[2].

Die ganze Diskussion um die Terminologie: nichtwestliche Kirchen, nächstes Christentum und Schwerpunktsverschiebung des Christentums in den Süden, in meinem Buch geführt S. 33–53, ist hier nicht zu wiederholen. Dehn würde, wenn ich richtig verstehe, den Ausdruck »junge Kirchen« als überholt gern aus dem heutigen missionswissenschaftlichen Diskurs streichen – was außer Dehn auch E. Kamphausen 2001 mit Nachdruck fordert[3]. Das scheint damit zusammenzuhängen, wie man die geschichtlich neue Lage der christlichen Mission heute gegenüber früheren Zeiten überhaupt einschätzt. Für einen Teil der jüngeren Mis-

[1] Ulrich Dehn, »Neue Wege in der Missionstheologie?« in VF 57, 2012, 94–106, hier: 103.

[2] D.T. Niles, Upon the Earth. The Mission of God and the Missionary Enterprise of the Churches, New York 1962, bes. 11f, 105–113, 139–141, 208–213.

[3] Erhard Kamphausen, Art. »Junge Kirchen« in RGG[4] Bd 4, Tübingen 2001, Sp 699.

sionswissenschaftler ist das geschichtliche »Scheitern« westlicher Mission am Versuch, die Welt zu evangelisieren, wichtiger als die seit Edinburgh faktisch bewirkte Veränderung in der weltweiten Religionsgeographie und -statistik. Im so bestimmten Deuterahmen hat verständlicherweise das Verhältnis alter zu jungen Kirchen nicht die Bedeutung, die es für alle diejenigen hat, denen die Entstehung der nichtwestlichen Kirchen in den letzten hundert Jahren wichtiger und interessanter ist als das partielle Scheitern und die imperiale Verstrickung der westlich christlichen Mission.

In Sachen des Sprachgebrauchs, wo es um die Empfindlichkeiten einer jüngeren Generation geht und um all das, was als überwunden und abgetan negativ in ihre eigene geschichtliche Selbstdefinition eingeht – mehr bei den deutschen Missionswissenschaftlern im übrigen als bei den asiatischen und afrikanischen Theologen – bringt es wenig, die Argumente bis ans Ende durchzukämpfen. Wo immer er es verantworten kann, gibt der Ältere nach. Ich kämpfe nicht um die Beibehaltung oder Wiedereinführung des Ausdrucks »junge Kirchen«. Bis darüber einmal leidenschaftslos geredet werden kann, müssen wohl noch einige Jahrzehnte vergehen. Das mit ihm Gemeinte lässt sich auch heute schon und ohne ihn, wenngleich etwas umständlicher, sagen.

- Es geht um etwas, das zur Zeit von Edinburgh 1910 und G. Warneck so und in heutigem Umfang noch nicht existierte: Kirchen, die, in unterschiedlichem Maße autonom, ohne die Tätigkeit westlich-europäischer Mission nicht entstanden wären.
- Es geht weiter um Kirchen, denen – anders als den Kirchen der alten Christenheit in und außerhalb des Westens – ihr geschichtlicher Anfang bewusst, präsent und in einigem ein Problem ist.
- Als solche ihres eigenen Anfangs bewusste Kirchen sind sie näher als wir europäischen Altchristen am Anfang des Glaubens, an seinem Kommen in den Raum des Gesetzes und der Religionen, wovon Paulus in Galater 3,23 und 25 handelt. Dies macht das besondere theologische Interesse der nichtwestlichen jungen Kirchen für das Entstehen und Bestehen des christlichen Glaubens aus.

Junge Kirchen – ist dieser Begriff wirklich noch benutzbar?

Ulrich Dehn

Gerne versuche ich in Antwort auf die durch meine Besprechung seines Buchs ausgelösten Anmerkungen von Heinrich Balz einige Gedanken zur Wendung »Junge Kirchen« zu formulieren und freue mich, an die Inhaltsbestimmungen in seinem Text anknüpfen zu können.

Ein wenig dünn ist das Eis für eine eindeutige wissenschaftsgeschichtliche Argumentation. Wolfgang Gern schreibt zwar im Evangelischen Kirchenlexikon (Bd. 1, A–F, 1986, 935) im Eintrag zu »Dritte Welt«, dass der Begriff Junge Kirchen, der 1928 auf der Weltmissionskonferenz in Jerusalem als Terminologie akzeptiert worden sei, danach von vielen Betroffenen als pejorativ abgelehnt wurde und (trotzdem) noch bis in die 1970er Jahre hinein in Gebrauch blieb. Dennoch findet sich alsdann im Wörterbuch des Christentums (1995, 579–581) ein eigener Eintrag zu »Junge Kirchen« von Walbert Bühlmann, in dem dieser Begriff affirmativ und unproblematisiert benutzt wird. Dem stehen gegenüber die von Balz erwähnte Argumentation von Erhard Kamphausen von 2001 und die Tatsache, dass auch das Internet derzeit mit dem Begriff nicht viel anzufangen weiß – abgesehen etwa von einigen Bildern von Papst Franziskus, die von Google präsentiert werden.

Wenn Balz in von mir zunächst übersehener Weise bereit war und ist, zwar in den südlichen Kontinenten beheimatete, aber tatsächlich geschichtlich alte Kirchen von dem Begriff auszusparen und ihn stattdessen inhaltlich zu belegen, wird er dann damit belastbar und benutzbar? So lauten Balz' definitorische Formulierungen: »Junge Kirchen sind für mich alle und nur die Kirchen, denen, anders als den alten, der Blick auf ihren neuzeitlichen menschlichen Anfang transparent ist«, und etwas später: »Es geht [...] um Kirchen, denen – anders als den Kirchen der alten Christenheit in und außerhalb des Westens – ihr geschichtlicher Anfang bewusst, präsent und in einigem ein Problem ist«. Diese Bestimmungen mit ihrem gemeinsamen Grundgedanken leuchten auf den ersten Blick ein, lassen aber dann fragen, wie »Kirchen« als reflektierende und sich selbst etwas bewusst machende Subjekte identifiziert werden können. Und wie wäre dann mit der ausufernden Forschungsliteratur zur Reformationszeit umzugehen, die genau diesen von Balz beschriebenen Vorgang für lutherische Kirchen Europas vollzieht und diese damit in den Definitionsbereich der »jungen Kirchen« bringen müsste? Ähnliches ließe sich für die US-amerikanischen und britischen Methodisten, Baptisten, Anglikaner, die weithin für die Ausbreitung des nichtkatholischen Christentums in südlichen Kontinenten sorgten, sagen, die längst eine reichhaltige Forschungsliteratur zu ihren Anfängen vorzuweisen haben. Insgesamt dürfte dann doch das objektivierbare historische Argument der Gründungszeit nachhaltiger sein, würde allerdings dann wiederum nicht den von Gern benannten Widerstand vieler betroffener Kirchen aus dem Süden berücksichtigen, die hier neben einer Formalkategorie auch einen pejorativen Zungenschlag heraushör(t)en, der ein faktisches strukturelles Gefälle verbal unterstrich.

Es bliebe die Möglichkeit, in Anlehnung an die nach meiner Wahrnehmung bisher vergebliche Suche nach einem sinnvollen Ersatz für den Ausdruck Dritte Welt zu akzeptieren, dass es allemal um eine Chiffre geht, die das nicht inhaltlich vollgültig und nachvollziehbar benennen kann, was sie bezeichnen will, aber als Konvention akzeptabel wäre. Wir würden ja nach wie vor wissen, was gemeint ist. Diese Akzeptanz ist jedoch aus nachvollziehbaren Gründen nicht allseits vorhanden und auch wissenschaftsgeschichtlich nicht mehr abgebildet. Übrig bliebe die unerfreuliche Notwendigkeit, auf einen Pauschalbegriff zu verzichten und nur noch die greifbaren historischen Fakten einer je einzelnen Kirche wahrzunehmen und zu benennen. Vergleichbaren Verfahren unterwirft sich die kulturwissenschaftlich arbeitende Religionswissenschaft, wenn zunehmend auf das Hantieren mit übergeordneten Kategorien verzichtet wird, um die je einzelnen Forschungsgegenstände angemessen benennen zu können. Das damit verbundene Aufgeben einer sprachlichen Reduktion von Komplexität ist ein Umstand, der das (wissenschaftliche) Leben nicht erleichtert, aber die Befindlichkeit der betroffenen Kirchen berücksichtigt.

Die 10. Vollversammlung des ÖRK wurde überraschenderweise im Vorfeld auch in Deutschland intensiver wahrgenommen, als dies mit ihrer Vorgängerkonferenz in Porto Alegre (Brasilien, 2006), mit der internationalen Friedenskonvokation in Kingston Town (Jamaica, 2011) oder mit anderen großen ökumenischen Konferenzen der Fall war. Dr. Michael Biehl, Theologischer Grundsatzreferent im EMW, war dabei und hat uns einen Bericht zur Verfügung gestellt, der die Konferenz in den Kontext des Gastgeberlandes, der dortigen kirchlichen Situation und der Gesamtlage der ökumenischen Bewegung stellt. Zugleich wird sie auf ihre Erträge hin kritisch gewürdigt.

»Gott des Lebens, führe uns zu Gerechtigkeit und Frieden«

Bericht über die Vollversammlung des ÖRK in Busan, Südkorea

Michael Biehl

Der Kontext

Vom 30.10. bis 8.11.2013 tagte die 10. Vollversammlung des Ökumenischen Rates in Busan, Südkorea. Es war die zweite ÖRK-Vollversammlung in Asien und die erste in Südostasien, und sie tagte in einem Land, das in den vergangenen 30 Jahren eine rasante Entwicklung genommen hat, die einem in den Städten wie Seoul und Busan (ca. 4 Mill. Einwohner) auf Schritt und Tritt entgegenkommt. Hier gerät die imaginäre Geographie des Christentums durcheinander: Das Land liegt in der Region, die dem globalen »Süden« zugerechnet wird – und ist doch von Moderne und technischer Entwicklung in einem Maße geprägt, die auch Besuchern aus der nordatlantischen Region als Herausforderung entgegentritt. Es ist ein mehrheitlich nicht-christliches Land mit deutlicher buddhistischer Präsenz, in dem dennoch nicht nur eine Vielzahl beleuchteter Kreuze auf hohen Kirchtürmen ein starkes und selbstbewusstes Christentum anzeigen, das Einfluss in der Gesellschaft und der Politik hat.

In politischer Hinsicht hat sich Korea seit den demokratischen Aufbrüchen der 1980er-Jahre, an denen Christen stark beteiligt waren, rasant verändert. Doch der 38. Breitengrad, an dem die Teilung der Halbinsel erfolgte, ist eine der letzten Frontlinien internationaler Konflikte und zwischen den Mächten in der Region. Wie ein Statement der Vollversammlung unterstreicht, sind die Interessen der Großmächte in Korea immer noch stark und bestimmen das Geschehen auf der Halbinsel mit, noch immer gibt es keinen Friedensvertrag, sondern nur einen prekären Waffenstillstand mit einem unberechenbaren Regime im Nordteil der Halbinsel. Die Vollversammlung forderte ihre Mitgliedskirchen auf, sich bei ihren Regierungen dafür einzusetzen, dass in der Region keine Militärmanöver stattfinden und die militärische Präsenz deutlich zurückgefahren wird sowie dass die Wirtschaftsblockade gegen Nordkorea beendet werden sollte, da sie vor allem das verarmte Volk treffe.[1] Zu Korea und seiner Teilung gab es eine *Ecumenical Conversation* (s. u.) auf der Vollversammlung, und auf dem Madang (s. u.) gab es mehrere Stände und Veranstaltungen dazu.

Mit dem sogenannten *Peace Train* reisten auf einer »Pilgrimage« ca. 130 TeilnehmerInnen vom Brandenburger Tor – als Erinnerungsort für die überwundene deutsche Teilung – zur Vollversammlung. Ursprünglich durch Russland und China und Nordkorea geplant, musste die letzte Strecke von Südchina per Schiff um Nordkorea herum zurückgelegt werden. Zu hören war, dass einige afrikanische Teilnehmer kein Visum für China erhalten hatten und dass andere Teilnehmer zusammengelegt hätten, um ihnen den Flug von Russland nach Busan zu ermöglichen.

Der *Peace Train* war letztlich ein Erfolg, wohl auch, weil er eine der sinnenfälligeren Erläuterungen für die »Pilgrimage of Justice and Peace« war, zu der die Vollversammlung den ÖRK aufrief. Im Vorfeld war es eine schwierig zu organisierende und nicht nur in Korea umstrittene Aktion. In Busan wurden die Teilnehmer in einem Gottesdienst begrüßt, in dem kein offizieller Vertreter des ÖRK anwesend war; während der Vollversammlung war der *Peace Train* mit einem Stand auf dem Madang präsent und nach einige Verhandlungen konnte ein Film über den *Peace Train* vor dem Plenum zu Frieden gezeigt werden.

[1] Vgl. PIC 02_3 ADOPTED Statement on Peace and Reunification of the Korean Peninsula.pdf, http://www.oikumene.org/en/resources/documents/assembly/2013-busan/adopted-documents-statements/peace-and-reunification-of-the-korean-peninsula.

Die Situation auf der Halbinsel konnte von den Teilnehmenden während des Besuchsprogramms am Wochenende in der Mitte der Versammlung erfahren werden: Exkursionen nach Gwangju, dem Ort des Massakers gegen die Demokratiebewegung, zur demilitarisierten Zone am 38. Breitengrad oder zu den Widerständlern gegen den Bau einer riesigen koreanisch-US-amerikanischen Militärbasis auf der Insel JeJu.

Die Vollversammlung selbst war von Demonstrationen und Protesten gegen den ÖRK begleitet. Die Vorwürfe lauteten, dass der ÖRK Irrlehren verbreite und die Kirche töte. Unterschwellig spielte auch Antikommunismus eine Rolle, weil die Protestler den ÖRK wegen seiner »liberalen« Haltungen und vor dem Hintergrund der Geschichte Koreas mit Kommunismus in Verbindung bringen. Neben wenigen Demonstrationen äußerte sich der Protest durch die ständige Präsenz einer größeren Gruppe nahe dem Messezentrum, die dort während der gesamten Versammlung emphatisch betete und Choräle sang. Auf dem Weg zum Messezentrum stellten sich uns immer wieder Einzelne mit Plakaten in den Weg, auf denen die genannte Parole stand oder der Vorwurf, dass der ÖRK religiösen Pluralismus lehre. Kreuze wurden uns entgegengehalten mit Aufschriften wie »Jesus Christ – the only Saviour«. Es war für viele verwirrend, so mit Bußrufen und verbalen Attacken bedacht zu werden. Versuche von VV-Teilnehmern, mit den Demonstranten ins Gespräch zu kommen, z. B. darüber, dass auch für sie Jesus Christus der einzige Erlöser sei, blieben erfolglos, weil die wenigsten der Demonstranten Englisch sprachen, und die Mehrzahl der Pamphlete waren in Koreanisch. Von daher hatte man den Eindruck, dass es hier eher um den Beweis des Geistes und der Wahrheit dieses Teils der koreanischen Christenheit gegenüber anderen Teilen ging. Wie wir auf der Auswertungstagung der EKD-Delegation hörten, wollten wohl einige von ihnen den Verdacht in Korea gegen ihre Rechtgläubigkeit entkräften, indem sie auf angebliche Häresien (religiöser Pluralismus, Leugnung der Einzigartigkeit Christi) und auf die politischen Haltungen des ÖRK hinwiesen.[2] Im Unterschied zu diesen extremen Gruppen hat der Vorbereitungsprozess auf die VV in Korea tatsächlich zu einer ökumenischen An-

[2] Zu den verwirrenden Aspekten dieser Begegnungen gehört, dass uns z. B. ein Heft angeboten wurde, das die angeblichen häretischen Ansichten des ÖRK durch Auszüge aus unterschiedlichen Erklärungen zum Dialog nachweisen will. Wie genau die Kritik lautet, bleibt durch das Fehlen jeden Kommentars unklar (nur auf der Rückseite ist zu lesen »Do you know why Korean Church protest against WCC?«), und so kann das Heft ironischerweise gut als Quellensammlung einiger zentraler Aussagen des ÖRK verwendet werden. Vgl. Baar Statement and others on Religious Pluralism. World Council of Churches, hg. v. Peniel Theological Seminary, Pusan, Korea.

näherung geführt. Nicht nur die vier Mitgliedskirchen des ÖRK in Südkorea, sondern eine ganze Reihe weiterer koreanischer Kirchen wie die Yoido Full Gospel Kirche haben sich an der Vorbereitung beteiligt und waren während der VV in unterschiedlicher Weise präsent. Im Vorfeld war immer wieder einmal von Auseinandersetzungen zu hören, doch mehrheitlich hieß es, dass durch die Versammlung die Ökumene in Korea gestärkt wurde. Wie wir wiederum auf der Auswertungstagung der EKD zu Busan hörten, sind durch den Prozess auf die VV zu jedoch auch die Differenzen zwischen den verschiedenen Gruppierungen erneut zutage getreten. Auch der Koreanische Christenbund (KCF) in Nordkorea hatte die Einladung an den ÖRK nach Busan unterstützt. Aus politischen Gründen konnte er keine Delegation nach Busan entsenden, doch wurde ein Grußwort verlesen, das die ökumenische Verbundenheit betonte.

Die Vollversammlung

Die Beteiligung aus dem weiteren »ökumenischen Raum« (Raiser) war nicht nur auf der Seite der gastgebenden koreanischen Kirchen zu beobachten. Angehörige der Pfingstbewegung, Evangelikale und Charismatiker, römisch-katholische Christen waren in unterschiedlich großer Zahl vertreten und konnten sich an Veranstaltungen der VV beteiligen. So war die Arbeit der Gremien des ÖRK in Busan eingebettet in das Gespräch mit einer viel umfassenderen Ökumene. Das wurde außer in verschiedenen Veranstaltungen oder durch Beiträge gut erkennbar an der Anzahl und der Auswahl der Grußworte von Vertreterinnen von nicht dem ÖRK angehörenden Bewegungen oder Kirchen: Pfingstkirchen, Lausanner Bewegung, weltweite Evangelische Allianz, Global Christian Forum sowie die weiterer Weltbünde und das Grußwort von Papst Franziskus.[3] Nun hat es bereits auf früheren Vollversammlungen evangelikale Teilnehmer gegeben, doch bemerkenswert ist wohl an dem Grußwort von Thomas Schirrmacher, Direktor der Theologischen Kommission der WEA, dass er eine wachsende Übereinstimmung von WEA und ÖRK vor allem in holistischer Mission und Evangelisation herausstellt. Dafür führte er die gemeinsame Unterzeichnung des Dokumentes »Christliches Zeugnis in einer multireligiösen Welt« und die Kooperation im

[3] Zu finden unter http://wcc2013.info/en/resources/documents.

»Christian Global Forum« an.[4] Hinter den anderen christlichen Strömungen und Bewegungen jenseits des ÖRK trat m. E. allerdings die Gegenwart von Angehörigen anderer Religionen deutlich zurück.

Die ÖRK-Versammlung in Busan möchte ich daher als einen ökumenischen Kirchentag in der Mitte der globalen Christenheit charakterisieren, in den einige Geschäftssitzungen eingebettet waren, wie sie die Verfassung des ÖRK vorsieht. Während einige bei dieser Beschreibung an den eher unverbindlichen Charakter der Kirchentage denken mögen, möchte ich damit den Forum- und Beteiligungscharakter dieser besonderen Versammlung in Busan betonen. Denn diese Vollversammlung hat unterschiedlichste Teilnehmergruppen, vor allem aus der weltweiten Christenheit, und verschiedene Formen kunstvoll miteinander verknüpft, die zusammen das Ereignis Busan 2013 ausmachen. Dazu gehört der Madang, eine Art Markt der Möglichkeiten. Das Booklet zum Madang zählt über 80 Veranstaltungen[5] auf, die Netzwerke, Initiativen, Organisationen – darunter viele aus Deutschland – in einer der riesigen Hallen des Busan Exhibition and Convention Center (BEXCO) während der gesamten Versammlung anboten und die eine Fülle von Teilnehmern und Themen nach Busan brachten. Eine andere Form waren die sogenannten *Ecumenical Conversations* (ECs) zu 21 als zentrale Herausforderung für die Ökumene im 21. Jahrhundert benannten Fragestellungen. Es handelte sich dabei um ein Forum mit viermal 90-minütigen Sitzungen. Im Unterschied zum Madang sollten die ECs gemeinsame Feststellungen festhalten und Empfehlungen an die Delegierten geben, die bei der Formulierung der Programmrichtlinien für die zukünftige Arbeit des ÖRK berücksichtigt wurden. Wie die Madang-Veranstaltungen waren die ECs offen für alle registrierten Teilnehmerinnen des Ereignisses Busan 2013. Alle waren im Vorfeld aufgefordert worden, sich für eine dieser *Conversations* zu registrieren.

Auch die vier Vorkonferenzen von indigenen Völkern, zur Gemeinschaft von Männern und Frauen, die Jugendvorkonferenz und die des Ökumenischen Aktionsbündnisses von und für Menschen mit Behinderungen (EDAN) brachten weitere Gruppen von Teilnehmern, die sich aktiv in das Gesamtgeschehen einbrachten. Überhaupt war die Präsenz von Menschen mit Behinderungen während dieser VV sehr deutlich wahrnehmbar.[6]

[4] https://www.oikumene.org/en/resources/documents/assembly/2013-busan/messages-to-the-assembly/greetings-from-the-world-evangelical-alliance.

[5] Madang – Exhibits and Events, Genf 2013.

Ein weiteres Element war das Global Ecumenical Theological Institute (GETI) mit seinen 160 Studierenden aus der ganzen Welt. Sie hatten ihr eigenes Studien- und Exkursionsprogramm, doch ihr Curriculum war von den Themen der VV bestimmt, und sie nahmen an den Foren und Plenen und am Madang teil. GETI wurde immer wieder lobend als ein vielversprechendes Modell für die theologische Ausbildung hervorgehoben.

Eine der Konsequenzen dieser Konzeption der VV war, dass die thematischen Plenarsitzungen als Präsentationen und ohne Beteiligung des Publikums konzipiert waren. Nicht nur das Eröffnungsplenum mit einer Darstellung der Geschichte von Christen in Korea in Form einer Oper, sondern auch die Plenen zum VV-Thema, zu Asien, Mission, Einheit, Gerechtigkeit und Frieden boten Videos, Impulse und Podiumsdiskussionen. Den Plenen war der Anspruch einer angemessenen Repräsentanz der ÖRK-Mitgliedschaft abzulesen, und Zeit für eine Auseinandersetzung der Teilnehmerinnen mit den Themen oder dem Dargebotenen war nicht vorgesehen.

Alle diese Veranstaltungen brachten insgesamt circa 3.000 Menschen aus der ganzen Welt nach Busan, von denen die Delegierten ca. ein Drittel ausmachten. Dazu kamen noch einmal jeden Tag Tausende von vor allem koreanischen Besuchern. Die Fülle der Veranstaltungen wurde gerahmt von täglichen Bibelarbeiten in festen kleinen Gruppen und von Gottesdiensten zu Beginn und zum Beschluss jeden Tages. Es herrschte eine Stimmung von großer Verbundenheit und fröhlicher Offenheit. Auf den weiten Fluren und in den riesigen Hallen ging es allerdings eher geschäftig zu, und es war nicht leicht, in dieser Fülle von so unterschiedlichen Veranstaltungen und Beteiligungsformen so etwas wie eine Mitte zu finden und nicht das Gefühl zu haben, eine riesige Messe zu besuchen.

Die Dokumente der Vollversammlung

Bei der Registrierung erhielt jede/r ein »Textbuch« mit sieben Referenztexten, die in den verschiedenen ÖRK-Programmen erarbeitet worden waren, Berichte

[6] Insbesondere über die Verlautbarung der Vorkonferenz der Indigenen gab es Debatten, ob sie in die Beratungen der Delegierten eingebracht werden könnte. So erklärt sich eine Empfehlung des Programmrichtlinienkomitees: »The assembly recommends to the central committee that the work of the pre-assemblies be formally reported to future assemblies, and the current pre-assembly outcomes and recommendations be considered for integration into programmatic work.«

von zwei Konsultationen und fünf Berichte von Arbeitsgruppen und Kommissionen.[7] Die Texte unter »Materialien der ÖRK-Programme« wie »Die Kirche: Auf dem Weg zu einer gemeinsamen Vision«, die Missionserklärung, »Ökonomie des Lebens, Gerechtigkeit und Frieden für alle: Ein Aufruf zum Handeln« oder »Ein ökumenischer Aufruf zum gerechten Frieden« waren alle vom Zentralausschuss während der Sitzung auf Kreta im September 2012 angenommen worden. Sie waren sogenannte Referenztexte, die während der Vollversammlung nicht im Plenum diskutiert wurden. In einigen ECs und Workshops wurde darauf Bezug genommen, und sie wurden vom Komitee für Programmrichtlinien für die Empfehlungen an die Vollversammlung ausgewertet.

In den Sitzungen wurden nicht diese als Referenztexte betrachteten Dokumente, sondern verwandte, kürzere diskutiert. »Gottes Gabe und Ruf zu Einheit – und unser Engagement«[8] interpretiert »Einheit« auf die Ökumene in Bewegung hin und bietet so Anknüpfungspunkte für den »Pilgerweg in Gerechtigkeit und Frieden«. Eine »Erklärung über den Weg zum gerechten Frieden« fokussiert den Aufruf zum Gerechten Frieden auf eine Reise zu »Gottes Plan für die Menschheit und die gesamte Schöpfung«.

Bemerkenswert ist, dass diese beiden Dokumente ebenso wie die Missionserklärung Mission, Einheit und Gerechtigkeit und Frieden in einen kosmischen Rahmen stellen: Gottes Plan für die Schöpfung und die gesamte Menschheit bilden den Bezugsrahmen für eine Theologie des Lebens, für Mission und das Handeln der Kirche, die als Gemeinschaft auf einem Pilgerweg für Gerechtigkeit und Frieden vorgestellt wird.

Aus der Einheits-Erklärung: »Die Schöpfung ist ein Geschenk des lebendigen Gottes. Wir feiern das Leben der Schöpfung in seiner Vielfalt und danken dafür, dass sie gut ist (1. Mose 1). Es ist Gottes Wille, dass die ganze Schöpfung durch die verwandelnde Macht des Heiligen Geistes versöhnt in der Liebe Christi in Einheit und Frieden zusammenlebt (Eph 1).«[9] Zum Gerechten Frieden: »Together we believe in God, the Creator of all life. Therefore we acknowledge that every human being is made in the image and likeness of God and we seek to be good stewards of creation. In wondrously creating a world with more than enough natural riches to support countless generations of human beings and other living

[7] Siehe Textbuch. Referenztexte. ÖRK, 10. Vollversammlung, Busan 2013, Genf: WCC, 2013. Siehe http://wcc2013.info/de/resources/documents/de/resources/documentes/ResourceBook_de.pdf.

[8] Vgl. http://www.oikumene.org/de/resources/documents/assembly/2013-busan/unity-statement/.

[9] Siehe »Gottes Gabe und Ruf zu Einheit – und unser Engagement«, Abschnitt 1: (vgl. Anm. 8).

things, God makes manifest a vision for all people to live in the fullness of life and with dignity, regardless of class, gender, religion, race or ethnicity.«[10] Und aus der Missionserklärung: »Wir glauben an den dreieinigen Gott, den Schöpfer, Erlöser und Bewahrer allen Lebens. Gott hat die ganze oikoumene nach seinem Bild geschaffen und ist in der Welt unablässig am Werk, um sich für das Leben einzusetzen und es zu schützen. 4. Gott sandte den Sohn, um nicht nur die Menschheit zu erlösen oder eine partielle Erlösung zu bringen. Das Evangelium ist vielmehr eine gute Nachricht für jeden Teil der Schöpfung und jeden Aspekt unseres Lebens und unserer Gesellschaft. Es ist daher entscheidend, Gottes Mission in einem kosmischen Sinne zu verstehen und zu bekräftigen, dass alles Leben, die ganze oikoumene, in Gottes Netzwerk des Lebens miteinander verbunden ist.«[11] Gerechtigkeit, Friede, Einheit sind Merkmale des göttlichen Lebens und sind Gottes Wille für seine Schöpfung, die gesamte Menschheit und für seine Kirche.

Damit lassen sie sich auf den Pilgerweg in Gerechtigkeit und Frieden beziehen, für den der Generalsekretär in seinem Bericht an die Vollversammlung wirbt: »Zu beten, dass wir geleitet werden auf den Pfad des Friedens, ist für uns als Kirchen, als Gemeinschaft von Kirchen und als Einzelpersonen eine mutige Verpflichtung. Sie setzt voraus, dass wir bereit sind, verwandelt zu werden, uns zu ändern, uns für andere einzusetzen, unsere Selbstgefälligkeit aufzugeben, missionarisch und prophetisch zu sein. Und deshalb können wir auch Solidarität und Dienst nicht von Gemeinschaft, Einheit, Mission, Gerechtigkeit und Frieden trennen. Unsere Programme und neuen Initiativen sollten diese ganzheitliche Vision umsetzen, einander einbeziehen und die Beziehungen zwischen uns als Kirchen und als Partner ausbauen. In all unsere Arbeit sollten wir die themenübergreifenden Aspekte Gendergerechtigkeit, Jugend und die interreligiösen Beziehungen einbeziehen und immer danach streben, die Gemeinschaft der Kirchen zu festigen und unsere Rolle im Engagement für andere wahrzunehmen.« Und weiter: »Unsere ökumenische Spiritualität sollte also eine Verkörperung dieses Bildes der Pilgerreise sein.« »Wir werden unseren Weg finden, wenn wir uns immer auf diejenigen konzentrieren, die uns am dringendsten brauchen, diejenigen, für die die Fülle des Lebens, die Gott für alle Menschen will, noch keine Realität ist.«[12]

[10] Siehe »Erklärung über den Weg zum gerechten Frieden«, Abschnitte 1, 4.

[11] Siehe »Gemeinsam für das Leben: Mission und Evangelisation in sich wandelnden Kontexten«, in: Textbuch, 53, Abschnitt 1 (vgl. Anm. 7).

Gottesdienst und Vollversammlung

Bekanntlich ist das geistliche Leben von ÖRK-Veranstaltungen geprägt von einem Ineinander von Gelegenheiten, die von einer der im Rat vertretenen liturgischen Traditionen geprägt sind – hier vor allem die Abendgebete –, und weiteren Feiern, die liturgische Elemente beinhalten, ohne in die Nähe einer ökumenischen Liturgie zu geraten. Mit Blick auf diese Situation und dem Ziel des ÖRK nach vollständigerer sichtbarer Einheit, wie es die verabschiedete »Erklärung zur Einheit« festhält, rief der anglikanische Bischof Duleep von Sri Lanka unter anhaltendem Applaus dazu auf, wenn man schon nicht gemeinsam Abendmahl feiern könne, man diese Leerstelle doch mit der Feier einer gemeinsamen Fußwaschung füllen könnte![13] Das Video auf der Einstiegsseite der Website der VV zeigt, wie der Generalsekretär und andere im Morgengebet des letzten Tages eine solche Fußwaschung zelebrieren.

Seit der Gründung des ÖRK sind Fortschritte auf dem Weg zur sichtbaren Einheit errungen worden – ich denke für Europa hier an die GEKE (Leuenberger Konkordie), die Porvoo-Übereinkunft oder den Meißen-Prozess –; die Gemeinschaft der Kirchen im ÖRK sucht weiter nach vollständigerer Einheit, auch im gottesdienstlichen Leben.

Die Eröffnungsfeier respektierte in ihrer Form diese fehlende Einheit, war für mich jedoch unter der Charakterisierung der VV als Ereignis in der Mitte der Weltchristenheit noch in anderer Hinsicht markant. Sie griff mit Klage, Dank und Wortverkündigung Gottesdienstelemente auf. Sie fand in einer der Hallen des riesigen BEXCO-Zentrums statt, die von Beton und Stahlarchitektur geprägt ist. Die Architektur, modern und nüchtern, ordnet sich völlig dem Zweck unter: Ort für Versammlungen zu sein, unabhängig davon, warum die Menschen sich darin versammeln. Die wirkten darin klein, und wir waren mit unseren mehreren tausend Teilnehmern immer noch ein wenig verloren in diesem Raum. Chor und Orchester wirkten auf die Entfernung eher wie ein einziger Körper, und Gesänge und Musik kamen über die Lautsprecher aus anderen Ecken zu uns als von dem Ort, wo man sie sah. Die christlichen Symbole – Bibel, Kreuz, Licht und die

[12] Siehe Dokument »A 02 Bericht des Generalsekretärs«, Abschnitte 77, 84, 85. http://www.oikumene.org/de/resources/documents/assembly/2013-busan/plenary-presentations/report-of-the-general-secretary?set_language=de.

[13] Vgl. Reflection by Bishop Duleep de Chickera from the Anglican Church of Sri Lanka, presented at the WCC 10th Assembly during the theme plenary. http://www.oikumene.org/en/resources/documents/assembly/2013-busan/plenary-presentations/god-of-life-lead-us-to-justice-and-peace.

Gewänder etc. –, die in einer Prozession hereingetragen wurden, wirkten in diesem Saal winzig und waren für die allermeisten nur auf den überdimensionalen Leinwänden zu sehen. Sie bedurften ebenso wie die Agierenden der medialen Verdoppelung, um überhaupt bemerkt werden zu können: Nur der Ausschnitt, den die Bildregie auf die Leinwände brachte, war für alle gegenwärtig. Mitglieder einer philippinischen Gruppe setzten an verschiedenen Stellen im Raum die langen Klagen in eindrucksvolle Pantomimen um, die außer für die unmittelbar Umstehenden nur zu sehen waren, wenn die Bildregie sie uns vor Augen führte. Sie wurden ungewollt dadurch zum Symbol dafür, wie viel Leid und Klage ungehört und ungesehen in der Welt stattfindet. In langen Klagen aus allen Regionen der Welt kam das erlittene wie das zugefügte Leid zu Wort. Die Klage wechselte mit selbstkritischen Stimmen über die eigenen Verfehlungen, die in einem Kehrvers aus den Westindies aufgenommen wurde: Senzemina – Was haben wir getan?

In dem riesigen modernen Raum, der selbst keinen Anknüpfungspunkt für das bot, was in ihm geschah, herrschte eine eher nachdenkliche Stimmung, klagend, selbstkritisch, eher Kyrie als Gloria. In den Klagen, den Gesängen und Gebeten und den Blicken auf das Geschehen, die die Leinwände boten, ereignete sich im Kleinen doch etwas, was half, sich der Gegenwart Gottes und seiner Gnade zu vergewissern, dass er dennoch treu und barmherzig ist. Das entsprach dem Gebet, das das Motto der Versammlung ausmachte: »Gott des Lebens weise uns den Weg zu Gerechtigkeit und Frieden«, und schien dieser Bitte hinzuzufügen: weil wir ohne Dich den Weg nicht finden.

Die Worte der Emmausgeschichte, der Weggeschichte, erklangen in aramäischer Sprache. Die Klage, der Gesang, das Wort in der Sprache Jesu – es entstand ein eigentümlicher Dialog zwischen dem Raum und dem Wort und Geist Gottes, der die versammelten Menschen erfasste, klein, aber kraftvoll, leise und doch präsent.

Im Anschluss an den Bericht des Generalsekretärs Tveit wurde gefragt, ob die prophetische Stimme des ÖRK, von der er sprach, nicht zu einem Flüstern geworden sei. Der beschriebene Gottesdienst scheint mir in einem ein gutes Bild dafür zu sein, wie die Stimme der Kirchen des ÖRK in dem großen Raum der globalen Welt leiser zu hören ist, aber eben auch dafür, dass der leisen Stimme doch eine tiefe Kraft innewohnt. Doch so wie diese in dem riesigen Raum der BEXCO-Halle kaum Resonanz zu finden schien, so kann man von der Versammlung insgesamt sagen, dass das mediale Echo gering war.

Diese Ausdeutungen von eher symbolischen Aspekten der Versammlung lassen sich durch Eindrücke aus den *Business plenaries* bestätigen. Hier ging es vor allem um eine Verständigung untereinander und darüber, *wie* die Dinge gemeinsam gesagt werden können, weniger *was*. Das war zu einem großen Teil bereits vorher in den Dokumenten gesagt worden, die die Delegierten annehmen sollten.

Beispielhaft mag dafür der Vorfall um das Grußwort von Hilarion sein, in dem er dem Westen (wieder einmal) Dekadenz und die Zerstörung von Familie und christlichen Werten durch die Propagierung von Homosexualität und der Gleichstellung von gleichgestellten Lebensgemeinschaften mit der christlichen Ehe vorwarf. Dabei stellte er einen direkten Zusammenhang zwischen der Auflösung der christlichen Zivilisation, dem Rückgang der Kirchenmitgliedschaft und diesen Angriffen von Liberalismus und Säkularismus auf die göttliche Ordnung her, weil die Kirchen im Westen dem nichts entgegensetzen, sondern diese Zustände befördern.

Dieser als Grußwort verlesene Text war ursprünglich als ein Vortrag zum Plenarforum Einheit gedacht, wurde jedoch als Grußwort ins Eröffnungsplenum verlegt, sprengte aber die Gattung Grußwort. Von mehreren Delegierten wurde daher erstritten, auf diese Thesen reagieren zu können. Die starken Aussagen des Grußwortes waren, dass durch diese Unterstützung oder zumindest den mangelnden Widerstand der Kirchen des Westens die Einheit der Kirchen gefährdet werde. Die orthodoxen Kirchen werden dagegen nicht als konservativ beschrieben, sondern als diejenigen, die noch das Wort und die Werte Gottes verkünden, und in diesem Sinne prophetisch müsse der ÖRK reden.[14] »Es handelt sich nicht um Konservativismus [bei den orthodoxen Kirchen], sondern um die Treue zur Göttlichen Offenbarung, die in der Heiligen Schrift enthalten ist. Und wenn sich liberale Christen vom traditionellen Verständnis der sittlichen Normen abwenden, bedeutet dies, dass wir vor einem sehr ernsten Problem unseres gemeinsamen christlichen Zeugnisses stehen. Können wir ein solches Zeugnis ablegen, wenn wir in Fragen der Sittenlehre, die für das Heil ebenso wichtig ist wie die Glaubenslehre, so tief gespalten sind?«[15] Hier wurde mit erkennbarer Zustimmung einiger afrikanischer Kirchen diese »Sittenlehre« in den *status confessionis* erhoben.

Das Eigentümliche an dieser Rede, die übrigens in ihrem zweiten weniger beachteten Teil ein Erstarken des Islamismus und der Bedrängung, Verfolgung

[14] Hilarion_Vortrag_Die Stimme der Kirche muss prophetisch sein_de.pdf. Vgl. https://www.oikumene.org/de/resources/documents/assembly/2013-busan/plenary-presentations/address-by-metropolitan-hilarion-of-volokolamsk.

[15] Vgl. a. a. O. 4.

und Verdrängung von Christen in verschiedenen Weltregionen ansprach, war jedoch weniger ihr Inhalt. Eigentümlich war vielmehr die Dialektik zwischen dieser prophetischen Stimme, die die göttliche Wahrheit verkündete, und dem Spiel mit den Regeln. Insbesondere das Konsensprinzip trug dazu bei, dass Hilarion diese Gegenstände des Dissenses als Kritik äußern und gleichzeitig dafür sorgen konnte, dass sie nicht zum Gegenstand der Debatte werden sollten – denn es gibt keinen Konsens darüber, dass ausgerechnet diese Themen überhaupt zum Gegenstand der Debatte werden sollen und wieso damit die Einheit der Kirche auf dem Spiele stehe, noch darüber, was es denn dabei genau zu debattieren gäbe.

Diese Dialektik wurde durch die Protestler vor den Türen verstärkt, die mit Flugblättern und Transparenten dem ÖRK vorwarfen, mit Homosexuellen und anderen »Elementen« gemeinsame Sache zu machen. Auf dem Madang gab es einen großen und gut besuchten Stand des »European Forum of LGBT Christian Groups« (Stand 44), das auch einen Workshop anbot, der wegen Überfüllung wiederholt werden musste. Am Stand 56 bot das »Centre for Gender and Sexuality Studies in Theology and Ministry of Jakarta Theological Seminary« eine Ausstellung dazu, wie sie mit den genannten Gruppen in Indonesien arbeiten.

Nach Busan

Andere Vollversammlungen kenne ich nur von ihren Dokumenten; Busan 2013 halte ich für eine gelungene ökumenische Großveranstaltung. Es ist gelungen, die weitere Ökumene über die Mitgliedskirchen und Organisationen des ÖRK hinaus einzubeziehen und gemeinsam an Themen zu arbeiten, die nicht nur den ÖRK beschäftigen. Es gab ein reiches, geistlich geprägtes gemeinsames Leben während dieser Tage, in dem sowohl die Einzeltraditionen in den Abendgebeten zu ihrem Wort und Recht kamen, wie auch in gemeinsamen Veranstaltungen die Möglichkeit Gottesdienst zu feiern ausgelotet wurde – soweit es ging. Es war nicht einfach, doch die Vollversammlung hat den Fokus auf den Gerechten Frieden aufgegriffen. Sie hat mit dem Pilgerweg und den Programmrichtlinien einen Rahmen für die weiteren Debatten über die Gestalt der Genfer Zentrale und ihre Funktion in der Gemeinschaft der Kirchen im ÖRK formuliert.

Die Zentrale in Genf wird in Zukunft in drei Bereichen arbeiten: Einheit und Mission, Öffentliches Zeugnis und Diakonie und überraschenderweise als dritten: ökumenische Bildung (ecumenical formation). Wie das umgesetzt und mit dem Beschluss der Vollversammlung über einen »Pilgerweg in Gerechtigkeit und Frieden« [16] verbunden werden kann, ist noch nicht deutlich. Der Pilgerweg soll nicht nur ein Aktionsplan für Gerechtigkeit und Frieden sein, sondern den Kohärenzrahmen für alle Aktivitäten des Rates bilden. »Can the WCC continue designing programmes from the Geneva offices, or has the time come that we plan and implement programmatic work more systematically together with the member churches? The PGC believes that our programmatic work has a strong relational dimension, and that relations with our member churches are a condition for effective programmatic work. With respect to the fellowship, the criteria should therefore be that programmes will be run only when they are undertaken in cooperation, at both planning and operational stages, with member churches.«[17]

Die intendierte Weggemeinschaft verschiebt den Fokus vom Beieinanderbleiben (Amsterdam 1948) zum Miteinander unterwegs sein, das sich zudem öffnet für Kirchen, Organisationen und Netzwerke, die nicht dem ÖRK angehören. In der Botschaft der Versammlung heißt es: »We intend to move together. Challenged by our experiences in Busan, we challenge all people of good will to engage their God-given gifts in transforming actions. This Assembly calls you to join us in pilgrimage.«[18] Die Metapher des Pilgerweges will über das Engagement für Gerechtigkeit und Frieden hinaus die geistliche Tiefendimension dieser Weggemeinschaft festhalten: Weggemeinschaft als Existenzform der ökumenischen Bewegung.

Ausblick

Die Vollversammlung war m. E. gelungen, neben Kritik fallen die Einschätzungen positiver aus, viele betrachten sie als einen bedeutsamen Schritt vorwärts für den ÖRK. Andererseits sind die Ergebnisse und Beschlüsse in Deutschland kaum über den Kreis der Ökumene hinaus wahrgenommen worden. Dazu hat eventuell beigetragen, dass die umfassenderen Dokumente bereits vor der Ver-

[16] Der Generalsekretär spricht von einer »pilgrimage of justice and peace«, was in der deutschen Fassung irreführend mit »Pilgerweg für Gerechtigkeit und Frieden« übersetzt wird.

[17] Siehe PGC 01 ADOPTED Report of the Programme Guidelines Committee.pdf, Abschnitt 14, 3, http://www.oikumene.org/en/resources/documents/assembly/2013-busan/adopted-documents-statements/report-of-the-programme-guidelines-committee.

[18] MC 01 ADOPTED Message of the 10th Assembly.pdf, http://www.oikumene.org/en/resources/documents/assembly/2013-busan/adopted-documents-statements/message-of-the-wcc-10th-assembly.

sammlung beschlossen worden waren und es wenig Kontroversen über die Richtung gab, die der ÖRK in den folgenden acht Jahren bis zur nächsten Versammlung einschlagen soll. So kam die Missionserklärung zwar vor, aber es wäre schwierig, so etwas wie Konsequenzen aus der Missionserklärung aufzuzeigen, die die Vollversammlung beschlossen hätte.

Nicht nur aus Deutschland hat es Versuche gegeben, Klimagerechtigkeit zum Fokus der Bewegung für die kommenden Jahre zu machen. Klimagerechtigkeit ist eines der Themen, die sich gut in den weiten kosmischen Rahmen der Referenztexte und ihre sozialethischen Aussagen einfügen, ohne dass es darin privilegiert wäre. Viele Themen, die die unterschiedlichen Stränge der ökumenischen Bewegung seit Längerem beschäftigen, finden sich in allen Referenztexten, nur in unterschiedlicher Perspektive aufgenommen. Dabei mögen Gerechtigkeit und Frieden eine gewisse Priorität besitzen, doch insgesamt scheint mir die Interdependenz der Themen wichtiger zu sein als der Versuch, eines von ihnen ins Zentrum zu stellen. Auf der Versammlung in Busan ließ sich das bei den großen Plenen gut beobachten, bei denen zu Einheit, Mission, Gerechtigkeit und Frieden Einiges gesagt wurde; doch Gerechtigkeit und Frieden, Zeugnis und Einheit oder Ökonomie wurden jeweils in den anderen Plenen aufgegriffen, so auch in der Plenarsitzung zum Kontext Asien.

An mehreren Stellen während der Versammlung leuchteten das Paradigma der Weltchristenheit und die Folgen der Verschiebung des Gravitationszentrums der Christenheit in den globalen Süden auf. Der ÖRK als Gemeinschaft von Kirchen hat sich mit dieser Vollversammlung eine Form gegeben, in der sich der ÖRK zwar als privilegiertes Instrument präsentierte, die aber die Beziehung zur viel größeren Welt der Christenheit außerhalb des ÖRK aufnahm. Daher die Bemühungen, Kirchen, Missionsorganisationen, Netzwerke und andere spezialisierte Organisationen in die Beratungen über die Themen mit einzubeziehen und gleichzeitig Beschlüsse für die Gemeinschaft des ÖRK zu fassen, die diesen Hintergrund nicht ausblenden.

Auch dafür kann die Figur des Pilgerweges – mit allen – Kohärenzrahmen und Form werden, und so liegt an, ihre Konturen von dieser Aufgabenbestimmung her genauer zu zeichnen.

Dieter Becker, **Mission verstehen. Themen und Thesen interkultureller Theologie** (=Missionswissenschaftliche Forschungen, Neue Folge Band 28), Neuendettelsau: Erlanger Verlag für Mission und Ökumene 2012, 237 S., EUR 26,00.

In der Publikation werden 17 Aufsätze wiederabgedruckt, die der Autor zwischen 1997 und 2012 in verstreuten Zeitschriften und Sammelbänden veröffentlicht hat und die zeigen, wie er sich »in den vergangenen Jahren immer neu und von verschiedenen Seiten dem Thema Mission genähert hat« (Vorwort). Die Beiträge werden zu fünf thematischen Gruppen zusammengefasst und befassen sich mit Missionsgeschichte, Konversionsfragen, Begegnungen mit Menschen anderer Religion, zwischenkirchlicher Partnerschaft sowie dem Ort dieser Themenvielfalt im universitären Theologiestudium.

Wer »Mission verstehen« will, muss viele Stereotypen, Klischees und Vorverurteilungen, aber auch Verklärungen überprüfen und zu überwinden versuchen. Damit befasst sich Dieter Becker u.a. am Beispiel des missionierenden Christentums und seiner Begegnung mit nicht-christlichen Religionen im Zeitalter von Kolonialismus und Imperialismus. Im Geflecht der verschiedenen Interessen, die europäische Handelsgesellschaften, Kolonialmächte, lokale Herrscher in Asien und Afrika, reformorientierte Hindus und Muslime sowie die Unterschichten in allen Gebieten verfolgten, haben Missionsleute sowohl anerkennende wie auch ablehnende Reaktionen ausgelöst (Teil I). Wer sich mit Fragen von »Bekehrung« befasst, betritt ein gefährliches Minenfeld, auf dem man emotionsgeladene Ausbrüche provoziert. Unaufgeregt und einfühlsam wird es in drei Beiträgen von Dieter Becker betreten, in historischer und missionswissenschaftlicher Perspektive erörtert und um einen kommentierten *Code of Conduct* für das christliche Glaubenszeugnis ergänzt (Teil II). Wer sich mit Mission befasst, ist stets mit der Frage konfrontiert, ob Christen und Andersgläubige an denselben Gott glauben. Der Autor greift die Frage am Beispiel des Gottes der Christen und der Muslime auf und setzt sich mit verschiedenen literarischen Antworten darauf auseinander (Teil III). Er selbst neigt zur Antwort, »dass der *eine* Gott Menschen in ihren Religionen auf ganz verschiedene Art und Weise begegnet und dass wir Gottes kreative und heilende Wirksamkeit als das die verschiedenen Religionen Umfassende verstehen dürfen« (153). »Mit den Partnern leben lernen«: So ist einer von zwei Beiträgen zur zwischenkirchlichen Partnerschaft überschrieben (Teil IV). Mit stets freundlicher Kritik werden Probleme des materiellen, personellen und ideellen Kommunikationsaustausches beleuchtet. Erfahrungen mit der Transformation von Missionsgesellschaften wie der Vereinigten

Evangelischen Mission, die sich als Gemeinschaft von Kirchen in drei Erdteilen versteht, zeigen, dass auch sie nicht im luftleeren Raum agieren können, sondern eingebunden bleiben in die krassen Gegensätze von Arm und Reich im globalen Maßstab. »Man redet nicht mehr von Paternalismus, aber de facto bestimmen die Geldgeber über die Verteilung der Entwicklungshilfe und der Investitionen nach ihren Maßstäben. Auch in den zwischenkirchlichen Beziehungen wirken sich solche Verhaltensmuster immer noch aus: Gebermentalität und Helfersyndrom auf der einen Seite und Bittstellermentalität und Minderwertigkeitskomplex auf der anderen« (171).

Im letzten Teil (V) befassen sich zwei Beiträge mit Überlegungen zur Interkulturellen Theologie bzw. Missions- und Religionswissenschaft an Hochschule und Universität. Das Fach gleicht einer Vielfelderwirtschaft, deren Konturen schon seit längerer Zeit kontrovers diskutiert werden. Vor dem Erfahrungshintergrund als Inhaber des Lehrstuhls für Missionstheologie und Religionswissenschaft an der Augustana-Hochschule in Neuendettelsau will der Autor die Augen öffnen für »den weiten Horizont«, in den er das Fach in Zukunft gestellt wissen möchte. Es gelte, das Fach anschlussfähig zu machen für neue Strömungen in den Kulturwissenschaften, namentlich für die *Postcolonial, Cultural & Linguistic Studies*. Die komplexen Aspekte der Transkulturalität des Christentums nötigen seiner Meinung nach dazu, Missionswissenschaft »als interkulturelle Theologie« (226) zu verstehen. Mit der skizzierten Neuausrichtung des Faches nimmt Becker Anregungen von Nachwuchswissenschaftlern auf, die das Fach in den kommenden Jahren zu vertreten haben. Damit nimmt er dezidiert Stellung in der laufenden Debatte über den schmalen Grat zwischen einer zu großen Nähe des Faches zu den neu ausgerichteten Nachbarwissenschaften einerseits und den zu geringen Berührungspunkten mit ihnen andererseits. Im ersten Fall droht dem Fach das spurlose Aufgehen in den genannten Nachbardisziplinen, im zweiten seine Selbstisolation im akademischen Betrieb.

Das mit unprätentiöser Feder und gut verständlicher Sprache geschriebene Buch ist allen zu empfehlen, die Einblicke in missions-, religions- und ökumenewissenschaftliche Themenfelder gewinnen wollen, aber auch jenen, die sie in Forschung und Lehre zu vertreten haben.

Christine Lienemann-Perrin

Martin Frank, **Industrie und Sozialarbeit in Ghana.** Ein afrikanischer Beitrag zur ökumenischen Diskussion der Urban and Industrial Mission (=Missionswissenschaftliche Forschungen, Neue Folge Band 27), Neuendettelsau: Erlanger Verlag für Mission und Ökumene 2013, III, 421 S., EUR 30,00.

Mit *Industrie- und Sozialarbeit in Ghana: Ein afrikanischer Beitrag zur ökumenischen Diskussion der Urban and Industrial Mission* legt Martin Frank, geb. 1963 und zurzeit Prälaturpfarrer und Geschäftsführer des Dienstes für Mission, Ökumene und Entwicklung der Württembergischen Landeskirche, einen wesentlichen Beitrag zur Geschichte und Implementierung der Urban and Industrial Mission mit einer Schwerpunktsetzung Westliches Afrika vor.

Franks Arbeit ist durch zwei Leitfragen bestimmt, die zugleich die Veröffentlichung untergliedern: Dabei geht Frank im ersten Teil der grundlegenden Frage nach, welche »Prozesse in der ökumenischen Bewegung [...] zur Entstehung und Entwicklung von ökumenischer Industrial Mission geführt [haben]« (24). Im Rahmen einer ausführlichen Case Study untersucht Frank dann im zweiten Teil, ausgehend vom Phänomen der Industrialisierung und Urbanisierung im westlichen Afrika, konkrete Ausformungen, Arbeitsweisen und Zielsetzungen von Industrial Mission anhand der programmatischen Arbeit der Tema Industrial Mission, Ghana, die im Jahr 1968 als ökumenischer Arbeitsbereich aus der Tema Joint Mission hervorgegangen ist und die eine ökumenische Reaktion auf die Arbeits- und Lebensbedingungen vieler Arbeiter/innen in der 1960 gegründeten Industriestadt Tema darstellt.

Franks Arbeit bietet einen hervorragenden Überblick über die zentralen Fragestellungen und Entwicklungen hin zu einer ökumenischen Industrial Mission. Frank greift Diskussionen zu Entwicklungsverständnis und Entwicklungsherausforderungen sowie zu social diaconia und zur Verhältnisbestimmung von Mission und Gerechtigkeit in ihren jeweiligen unterschiedlichen Kontexten und Diskursen in der ökumenischen Bewegung auf und erörtert Hintergründe und theologische Rationale u.a. des Studienprozesses zum ›Raschen sozialen Wandel‹ und des Programms ›Städtisches Afrika‹ des Ökumenischen Rates der Kirchen.

Darüber hinaus bietet der Autor Einblick in die Interaktion zwischen dem Ökumenischen Rat der Kirchen und der All Africa Conference of Churches, in die globale Netzwerkbildung in der Anfangsphase der Industrial Mission sowie in die spätere Etablierung der Abteilung für Industrie- und Sozialarbeit des ÖRK und ihrer Vorgängerprogramme.

Frank, der selbst als ökumenischer Mitarbeiter der Presbyterian Church of Ghana von 1999 bis 2004 bei der Tema Industrial Mission mitgearbeitet hat, nutzt als Grundlage seiner Case Study sowohl das Archiv der Tema Industrial Mission als auch die im Ökumenischen Rat der Kirchen archivierten Dokumente und Korrespondenz der jeweils zuständigen Programme und Abteilungen, insbesondere der Abteilung für Urban and Industrial Mission. Zusätzlich greift Frank für seine Analyse auf eine von ihm im Jahr 2004 unter Arbeiter/innen in Tema durchgeführte Befragung anhand von siebzig Fragebögen zurück.

Ausführlich und anschaulich erläutert Frank im zweiten Teil seiner Arbeit Profil, Entwicklungen, Herausforderungen und Errungenschaften von Tema Industrial Mission, deren ursprüngliche zentrale Aufgaben 1. die Gründung von workers fellowships in den Fabriken, 2. die Kooperation mit den Gewerkschaften vor Ort und 3. die

Beteiligung am Aufbau eines Gemeinwesens in Tema waren (184).

Frank analysiert die Arbeit der Tema Industrial Mission und bindet Entwicklungen und Herausforderungen dabei in regionale Diskurse ein. Ein zentrales Augenmerk liegt auf den Charismatisierungsprozessen, durch die die Arbeit der Tema Industrial Mission gekennzeichnet war. Hier kommt Frank zu dem Ergebnis, dass Formen der Industrie- und Sozialarbeit aus hochindustrialisierten Ländern nur wenige Andockpunkte bieten für den westafrikanischen Bereich und die Lebenswelt der meisten Menschen in diesem Kontext. Stattdessen sieht Frank eher eine Vorbildfunktion der pentekostalen Kirchen, denn, so sein Fazit, »die Botschaft politischer Gerechtigkeit kann nur (...) cross-cultural – und das heißt in Westafrika unter Einbeziehung der spirituellen Welt – kommuniziert werden« (388).

Eine solche politisch-charismatische Industrie- und Sozialarbeit sollte dabei nach Frank die folgenden Elemente umfassen: 1. die Stützung und Begleitung des/der Einzelnen, z.B. im Kontext von Fellowships am jeweiligen Arbeitsplatz, 2. soziale Aktivitäten, die »ungerechte sozioökonomische Strukturen mit dem Vorgeschmack des Reiches Gottes attackieren« (388), 3. spezifische Fürbitten in der Stadt, an strategischen und öffentlichen Orten und 4. spirituelles Engagement für eine gerechtere Gesellschaft – »in der Überzeugung, dass jeder und jede von Gott ausgesendet ist und von ihm die Mittel für Teilhabe erhält, sich auch spirituell für die Wiederherstellung einer gerechteren Gesellschaft einzusetzen« (388). Franks *Industrie- und Sozialarbeit in Ghana* bietet nicht nur einen ausgezeichneten und anschaulichen Überblick über eine zentrale Fragestellung in der ökumenischen Bewegung, sondern liefert auch einen wesentlichen Beitrag zur Diskussion um Charismatisierung und sozialer Frage.

Andrea Fröchtling

T. Jack Thompson, **Light on Darkness? Missionary Photography of Africa in the Nineteenth and Early Twentieth Centuries**, Grand Rapids and Cambridge: Eerdmans 2012, 286 pp., US-$ 45,00.

The author of this monograph has been pursuing photographs in African mission history all his academic life, and his book can be read as a firework display of rare knowledge. But we should be clear that, in spite of its title, it is a book about British mission photography. This marks a tendency well known to those of us who have been involved in producing mainland mission history in English. Historiographically Darkness now embraces the European mainland. And the International Mission Photography Archive (IMPA) with its online access – and catalogue details in English – to tens of thousands of images from French, German, Norwegian and Swiss archives plays no part in the analyses reviewed here.

Basically Thompson presents five case-studies (along with a chapter on the Magic Lantern which links especially into the fourth and fifth of these). The first, of the photography of William Ellis on his visits to Madagascar in the mid-19th century, is embedded in a more general chapter on early photography. The fourth is about photography and Scottish mission work in Lovedale (South Africa) and Livingstonia (Malawi). The fifth follows the work of a British couple, Alice and John Harris, she a missionary and photographer, he a theologian, missionary and publicist, in the campaign after 1903 to use atrocity photographs to challenge King Leopold's Congo Free State.

The second and third case studies, however, concern David Livingstone – his second, Zambesi expedition (1858–64), and Stanley's expedition to find him (1871–2). At this point the book threatens to implode, at least for the reader who wants to study photographs, their authors, and their subjects. The Zambesi expedition was a photographic debacle – hardly any photographs are available from the work of the official photographer (David's brother Charles), and though a few dozen survive taken by John Kirk, they are mainly of plants and the expedition's boats, rather than people and culture. Stanley, for his part, did not even take a camera on his expedition in search of Livingstone. It is true that the author writes about the relations between photography and painting, looking at the work of Thomas Baines on the Zambesi expedition, but the comparison is too narrowly based to use for generalisation. The »negative results« of these two case studies could surely have been drastically summarised and stripped of their narrative, leaving more space for another chapter from which we could all have learned something about the evaluation of a body of missionary photography which actually exists. Surely – if the study is to be limited to British collections – there are, for example, important photographic holdings of the pre-1914 work of the CMS and Scottish missionaries in Nigeria.

The case-study with the most sustained analysis of a varied group of photographs is that which concerns Lovedale and Livingstonia. It is here, however, especially, that a fundamental problem in Thompson's approach makes itself felt. The chapter is dominated by a study of the 100-plus photographs published in James Stewart's Lovedale, South Africa (1897) and W. P. Livingstone's [Robert] Laws of Livingstonia (1924). But in the study of missionary photography it is misleading if the act of publication is confused with the act of taking a photograph. Thompson has established that dominant themes can be identified in those hundred images which spoke to the enthusiasm of mission supporters who felt they were participating *à distance* in what was depicted as a process of holistic transformation. But the assumption that publication at home had a controlling influence on photography abroad is very dysfunctional. It blocks any critical reflection on issues like the influence of indigenous people on the photographs taken of them, or the possibility that missionaries took photographs of things which impressed them but not important for the home mission consensus. Surely one basic step in assessing photographs from missionaries is to distinguish between those taken into the official organised collections as resources for publication, and those which are only known from private albums.

This book basically dots the photographic »i«s and crosses the visual »t«s of episodes in mission history whose known profile is not changed as a result. Mother Mission and her canonical stories can suffocate attempts – including indigenous attempts – to develop innovative historical studies. And the preconceived ideas of Mother Mission's unruly atheist nieces and nephews can also block no-holds-barred research on the social history in which missions have been involved in each African culture they have touched. It is evident that – hungry as we are for sources for the history of African communities and cultures – mission photography is important for its contribution to visual sources not only for the early colonial period in African history, but even for the last phase of pre-colonial independence in some areas. And we must give due weight to the fact that mission is encounter, open-ended continuing and always unfinished encounter with people whose lives' parameters are very different from ours in the West. Roland Barthes wrote that, through photography, »from a real body, which was there, proceed radiations which ultimately touch me, who am here«. We need to concentrate on sensing the communications which Africans photographed in the past are still trying to send us in the images we have. Research on the missionary photography of Africa should involve not least the search for procedures through which we can come to perceive forgotten essentials of mission encounters, and draw from that source energy for innovative extensions of African church history.

Paul Jenkins

Hansjörg Schmid, **Islam im europäischen Haus. Wege zu einer interreligiösen Sozialethik**, Freiburg: Herder 2012, 600 S., EUR 40,00.

Mit seiner Habilitationsschrift will der katholische Theologe Hansjörg Schmid eine christlich-islamische Sozialethik als »neues Forschungsfeld« (22) im Gespräch mit fünf islamischen Denkern erschließen. Seine eigenen vielfältigen Dialogerfahrungen führen dazu, dass hier mit großem Einfühlungsvermögen Gemeinsamkeiten zwischen Christentum und Islam herausgearbeitet, Differenzen offengelegt und erläutert und Zukunftsperspektiven erschlossen werden. Entstanden ist so ein gut lesbares, klar gegliedertes Werk einschließlich »Leseanleitung« (22–24).

In der »Einführung« (10–22) wird der Rahmen des Buches umrissen: In einem durch Globalisierung, Pluralisierung und Migration vielfältiger gewordenen Europa müssen auch die Religionen ihre – nicht mehr selbstverständliche – prägende Kraft immer wieder neu werbend ins Gespräch bringen. Das »europäische Haus« ist für Schmid eine offene, nicht religiöse Größe und muss es auch sein, da Europa »ein offener Prozess« (540) ist. Innerhalb dieses Prozesses sind sozialethische Herausforderungen wie z.B. Säkularisierung und Menschenrechte von Christen und Muslimen gemeinsam zu reflektieren und für den Alltag umsetzbar zu machen.

Im Teil A »Grundlagen und Kontexte interreligiöser Sozialethik in Bezug auf den Islam« (25–249) macht Schmid deutlich, dass eine interreligiöse Sozialethik weder die eigene konfessionell-christliche – in seinem Fall katholische Sozialethik – noch die ökumenische Sozialethik überspringt. Deren Erfahrungen werden vielmehr aufgenommen – z.B. bei zentralen hermeneutischen Prinzipien – und ergänzt. Der zur christlichen Sozialethik in ihrer jeweiligen Profilierung analoge Begriff der »islamischen Sozialethik« ist ein »Suchbegriff« (187), für den noch kein fertiges wissenschaftliches Konzept vorliegt. Für diese Suche findet Schmid Anknüpfungspunkte bei Reformüberlegungen zu islamischen Rechtstraditionen, bei der Reflexion aktueller politikwissenschaftlicher Diskurse sowie bei hermeneutischen Überlegungen, die sich am Koran und an mystischen Traditionen orientieren. Die Breite islamischen Denkens im europäischen Kontext soll dabei durch fünf muslimische Autoren abgebildet werden, die in unterschiedlichen europäischen Ländern tätig sind bzw. waren: Nasr Hamid Abu Zaid (1943–2010), Dilwar Hussein (*1969), Fikret Karcic (*1955), Tariq Ramadan (*1962) Azzam Tamimi (*1955). Sie alle stellen sich aus ihrer jeweiligen Glaubensperspektive der zentralen Frage der Islamdiskurse, »dem Verhältnis von Religion, Staat und Gesellschaft« (190). Zusätzliche Kriterien bei der Auswahl der Autoren sind: Sie entstammen entweder dem Migrationsislam oder dem autochthonen europäischen Islam, haben in europäischen Sprachen veröffentlicht, vertreten einen wissenschaftlichen Anspruch und wurden ausreichend rezepiert. Freimütig räumt Schmid »Defizite« (196f) bei seiner Autorenauswahl ein, die z.B. schiitische Positionen unberücksichtigt lässt und auch keine Autoren aus der Türkei und Deutschland einbezieht, da sie den Auswahlkriterien nicht entsprechen.

Dieser islamischen Autorengruppe wird eine Vielzahl katholischer und auch vereinzelt evangelischer Autoren gegenübergestellt, die sich zu den sieben Vergleichskategorien (Kontexte – Methoden – Säkularisierung – Religionsfreiheit – Zivilgesellschaft – Entwicklungslinien – Prinzipien) geäußert haben, die Schmid im Teil B (251–532) in einem »vorsichtigen Vergleich« (161) näher entfaltet.

In der »Zusammenschau« (533–545) wird deutlich, dass das neue Forschungsfeld der interreligiösen Sozialethik in den Anfängen steckt und in wechselseitigen Lernprozessen noch vielfältig zu beackern ist. Dabei kann gerade an die untersuchten muslimischen Autoren angeknüpft werden. Sie bejahen – wenn auch nicht unkritisch – Säkularisierungsprozesse, universale Menschenrechte und eine Zivilgesellschaft, die aktiv mit zu gestalten ist.

Schmid ist uneingeschränkt zuzustimmen, dass es sich bei der interreligiösen Sozialethik um ein »vielversprechendes, zukunftsorientiertes Projekt« (545) handelt. Diesem Projekt und diesem Buch ist eine kritische Rezeption gerade an den Instituten für islamische Theologie deutscher Universitäten zu wünschen, um z.B. weitere muslimische Autoren und Autorinnen in den Vergleich einzubeziehen oder auch die sieben Vergleichskategorien zu hinterfragen. Die evangelische Sozialethik könnte den Dialog u.a. mit der kritischen Frage begleiten, ob es bei der interreligiösen Sozialethik eine Tendenz zu individueller und institutioneller Gesetzlichkeit auf Kosten der christlichen Freiheit gibt.

Axel Matyba

Gernot Fugmann und Phillip Hauenstein (Hg.), **Christian Keyßer – Mission im Leben der Menschen,** Neuendettelsau: Erlanger Verlag für Mission und Ökumene 2011, 226 S., EUR 15,00.

Ist Christian Keyßer heute noch der Angelpunkt hitziger Debatten um Missionsarbeit? Auf alle Fälle gibt es Kreise, in denen er nach wie vor polarisiert (6f., 192). Keyßer steht bis heute für eine Missionsarbeit, die das Thema »Volksgemeinschaft« in den Mittelpunkt rückt (5), und an ihm lässt sich immer noch exemplarisch die Frage diskutieren, wie sich deutsche christliche Missionsgesellschaften zum Nationalsozialismus gestellt haben. Gleich zu Beginn der Veröffentlichung wird damit geworben, dass daher Keyßer selbst zu Wort kommen soll und Texte von ihm selbst abgedruckt werden (6).

Das Thema Nationalsozialismus wird von den Herausgebern immer wieder sehr redlich angesprochen und mit dem Anspruch kontrastiert, Keyßers Arbeit in Neuguinea würdigen zu wollen. Die Auswahl der hier veröffentlichten Texte von Keyßer geht auf das kritische Thema dann aber gar nicht ein. Die Reproduktion einer Schrift Keyßers aus dem Jahr 1926 und Briefe aus den Jahren 1899 bis 1921 repräsentieren eine frühere Zeit. Der Untertitel hätte daher besser geheißen: Anfänge seiner Missionsarbeit.

Wie schon eine Auswahl von Wilhelm Fugmann aus den 1980er Jahren – Wilhelm Fugmann (Hrg.): *Christian Keyßer, Bürger zweier Welten*, Neuhausen-Stuttgart: Hänssler-Verlag 1985 – rückt auch diese Auswahl Keyßer erneut in das Zentrum Neuendettelsauer Missionstradition. Der erste Hauptteil der Veröffentlichung ist die von Hauenstein reproduzierte Schrift *Anutu im Papualande.* Keyßer hat sie Ende 1925 fertiggestellt, und sie ging 1926 in den Druck. Eine weitere, unveränderte Auflage wurde 1929 veröffentlicht und 1958 hat Keyßer eine veränderte und zum Teil erweiterte dritte Auflage herausgebracht. Der Anspruch ist begrüßenswert, dass diese Veröffentlichung hier eine Art quellenkritische Ausgabe sein soll, die es ermöglicht zu erkennen, welchen Text Keyßer wann verfasst oder verändert hat. Dabei ist es schade, dass es nicht nur zu einigen Fehlern beim Abschreiben kam – Arger statt Ärger (34), junge statt Junge (36), wusste statt musste (54) etc. –, sondern dass auch nicht immer zu unterscheiden ist, ob es sich, wie im Vorwort erklärt, beim Kursivdruck um Ergänzungen aus dem Jahr 1958 handelt, oder ob hier die Hervorhebungen der ersten Auflage übernommen wurden (vgl. 39 und 44). Dort, wo 1958 Keyßer Passagen in den ersten beiden Auflagen gestrichen hatte, werden mal die Texte aus den Auflagen 1926/1929 in Klammern zitiert, mal nicht (138, 64–66 und Christian Keyßer, *Anutu im Papualande* [Neuendettelsauer Missionsschriften 63], Nürnberg: Glocken-Verlag 1926, 54). Der Text eignet sich daher nicht für wissenschaftliches Arbeiten.

Besser ist es hier um die frühen Briefe bestellt, deren Fundort im Archiv der Missionsgesellschaft nachvollziehbar ist. Sie bilden den zweiten Hauptteil, zusammengestellt von Fugmann. Bei den Fotos hingegen wäre es gut zu wissen, welche Fotos aus der *Anutu*-Veröffentlichung übernommen wurden – und woher die anderen stammen (215–224).

Gerahmt werden die beiden Hauptteile aus der Feder Keyßers von einer biographischen Einleitung von Philipp Hauenstein und einer missionswissenschaftlichen Betrachtung von Traugott Farnbacher. Hauenstein versucht dabei, den Begriff »Volk« in die heutige Zeit als »Öffentlichkeit« zu übersetzen (9–28, hier: 21–23), während Farnbacher Keyßer als »Erfahrungstheologen« bezeichnet und dabei ein sehr bekanntes Motiv bemüht, das auch für Keyßer wichtig war: den Juden ein Jude und den Heiden ein Heide sein zu wollen (191–214, hier: 196). Allerdings ist daran zu erinnern, dass Keyßer in Anlehnung an Paulus einen Schritt weiter gegangen war: Im Jahr 1945 schrieb er zusammen mit Friedrich Eppelein, für sie sei im Nationalsozialismus handlungsleitend gewesen, »den Nationalsozialisten ein Nationalsozialist« sein zu wollen (Keyßer/Eppelein, zit. in: Kurt-Dietrich Mroßko (Hrg.), Mission und Drittes Reich, Quellen und Materialien für den Unterricht aus der Neuendettelsauer Mission. Tagungsunterlagen »Weltmission im Unterricht« 21.–23. 02. 1986, Neuendettelsau 1986, 25). Vielleicht wird eine weitere Veröffentlichung irgendwann auch einmal auf diesen Teil von Keyßers Wirken eingehen?

Gabriele Richter

Miriam Zimmer, **Assimilation und religiöse Organisation. Eine organisationssoziologische Studie zu Überlebensstrategien ethnischer Kirchen** (= Göttinger Junge Forschung Bd. 16), Stuttgart: Ibidem-Verlag 2013, 186 S., EUR 24,90.

Vf. hat in Göttingen und São Leopoldo (Brasilien) Soziologie, Sozialpsychologie, Religionswissenschaft und Theologie studiert. Das vorliegende Buch ist Ergebnis ihrer Göttinger Magisterarbeit, deren thematisches Interesse durch ein einjähriges Austauschstudium geweckt und durch einen späteren sechswöchigen Forschungsaufenthalt in Brasilien vertieft worden ist. Es ist hier eine sorgfältige, theoretisch durchdachte und empirisch verankerte Studie entstanden, die sowohl für innerkirchliche Reflexionsprozesse als auch für die religionssoziologische Theoriebildung und die theologische Analyse und Bewertung von Inkulturationsprozessen von Belang ist.

Grundfrage ist die nach den Überlebensstrategien ethnischer Kirchen im Lichte der Assimilation ihrer Mitglieder. Dabei kommen sowohl interne Konstellationen als auch externe Faktoren in den Blick. Somit ist die Arbeit im Überschneidungsfeld von Religions-, Assimilations- und Organisationssoziologie angesiedelt. Es ist inzwischen weitherum bekannt, dass Brasilien einen enormen Prozess religiöser Pluralisierung durchgemacht hat. In diesem Umfeld steht die aus vor allem deutscher Immigration seit 1824 entstandene Evangelische Kirche Lutherischen Bekenntnisses in Brasilien (IECLB) quer. Doch auch sie unterliegt Veränderungen, namentlich der Schwierigkeit, junge Deutschstämmige für sich zu begeistern.

Ethnische Kirchen bieten Migrantinnen und Migranten als Religions-, Sprach- und Erinnerungsgemeinschaften »ein Stück Heimat in der Fremde« (34). Was aber passiert, wenn die ethnischen Grenzziehungen sich weitgehend durch Assimilation auflösen, so dass die ethnische Kirche ihre Notwendigkeit zur kulturellen, religiösen und sozialen Erhaltung der ethnischen Migrationsgemeinschaft verliert? Sie müsste dann entweder verschwinden oder sich verändern.

In ihrem theoretischen Modell verbindet Vf. Rational-Choice-Ansätze der Kundenorientierung mit einem Legitimationsmodell aus dem Neo-Institutionalismus. Ethnische Kirchen verlieren ihr Binnenmonopol, wenn die Assimilation fortschreitet, so die These. Darauf können sie mit drei einander nicht ausschließenden Überlebensstrategien reagieren: (1) durch die Öffnung und Profilierung ihres Angebots, einschließlich der Anwerbung neuer Mitglieder; (2) durch Abgrenzung und Exklusivitätssteigerung, wobei die erhöhte Spannung zur Außenwelt mit einem höheren Commitment der Mitglieder korreliert; und (3) durch institutionelle Anpassung, wobei eine bessere Legitimierung im internationalen und nationalen, religiösen wie säkularen Feld im Vordergrund steht.

Das Material der Fallstudie stammt einerseits aus historischer und soziologischer Literatur, weiter aus kirchlichen Dokumenten, namentlich aber aus vierzehn qualitativen, leitfadengestützten Experteninterviews. Dabei zeigten sich drei Interessentypen: (a) die »vernetzten Legitimierer«, vornehmlich in der Kirchenzentrale angesiedelte, ordinierte Amtsträger; (b) die »Kundenorientierten«, vornehmlich aus evangelikalen Bewegungen der Kirche stammende, ebenfalls Ordinierte, die aber der formalen Kirchenleitung fernstehen; (c) »engagierte Bewahrer«, v.a. Laien mit einem traditionellen, weiterhin auch ethnisch geprägten Kirchenbild. Die Legitimierer folgen der oben genannten Überlebensstrategie 3, die Kundenorientierten der Überlebensstrategie 1. Den Bewahrern ist keine Überlebensstrategie zuzuordnen, obwohl eine gewisse Nähe zu Strategie 2 festzustellen ist. Die Kirchenleitung 1995–2002 verfolgte eine Dezentralisierungspolitik und verlagerte Macht und Initiative in die Gemeinden und Synoden. Außerdem erstellte sie einen Missionsplan, der auch Mitgliederwerbung prominent einschloss. 2003–10 hingegen waren »Legitimität durch soziale Verantwortung mit akademischem Anspruch« (140) vorrangig. Im neuen Missionsplan standen die Evangelisation eigener Mitglieder sowie die Bildung von Gemeinschaft, Diakonie und Liturgie im Vordergrund. Legitimierer und Bewahrer erhielten hier die Oberhand. Die aktuelle Kirchenleitung, so Vf., »scheint visionslos zwischen den Relikten der Politiken der beiden Amtsperioden zu stehen« (149). Obwohl die Kirchenleitung den Dialog mit den Mitgliedern und Gemeinden sucht, fungiert sie primär als »Verwaltungs- und Kontrollorgan« (151).

Das Theoriemodell wird durch den konkreten Fall nach Vf. insofern korrigiert, als mehrere Strategien zugleich am Werk sind. Die Notwendigkeit der Beachtung der verschiedenen internen Strukturebenen und die dort ablaufenden Prozesse müssen, entgegen den gängigen Forschungs- und Theorietendenzen, Beachtung finden, ebenso wie der Einfluss von Laien, die gerade im vorliegenden Fall eben entscheidend an der Kirchenleitung beteiligt und keineswegs bloße religiöse Konsumenten sind. Insgesamt, schließt Vf., ist die Assimilation der IECLB bisher nur unvollständig und die Klärung der Machtverhältnisse nur momentan gültig. Ob der Generationswechsel namentlich durch die aktive evangelikale Jugendarbeit eine allmähliche Veränderung mit sich bringt, wird sich zeigen.

M.E. läßt sich in der jüngeren Phase in der Tat ein stärkerer Zentralismus und die Suche nach öffentlicher Legitimation seitens der Kirchenleitung feststellen, die mit den Interessen vieler Kirchenmitglieder ebenso wie mit bestimmten internen Bewegungen im Konflikt steht. Allerdings würde ich die Bemühung um theologische und politische Kohärenz, ebenso wie um ein gemeinsames Erscheinungsbild, auch als Reaktion auf den zunehmend pluralen religiösen Markt verstehen wollen. Eine auf Freiheit in Glauben und Lebensstil ausgerichtete Theologie und Praxis ebenso wie exegetisch und kontextuell durchgearbeitete Predigten und eine glaubwürdige Diakonie wirken durchaus auf potentielle Neumitglieder attraktiv, wie neuere empirische Studien zeigen. An der Basis wird auch bei Vf. deutlich, dass Bewahrer und Kundenorientierte im Konflikt stehen. Man wird sagen können, dass die ethnische Bindung die IECLB zur Zeit sowohl an einer breiteren Mission hindert als auch ihr bisher eine erstaunliche Stabilität verliehen hat. Wie lange noch, ist schwer zu sagen.

Rudolf von Sinner

Berufungen und Ehrungen

Der *Ökumenische Rat der Kirchen* hat im Rahmen seiner zehnten Vollversammlung vom 30.10. bis 8.11.2013 in Busan/Korea acht neue **Präsidenten** gewählt: Pastorin Dr. *Mary Anne Plaatjes* van Huffel aus der Reformierten Unionskirche im südlichen Afrika; Pastorin Prof. Dr. *Sang Chang* von der Presbyterianischen Kirche in der Republik Korea; Erzbischof *Anders Wejriyd* aus der Kirche von Schweden; Pastorin *Gloria Nohemy Ulloa Alvarado* aus der Presbyterianischen Kirche von Kolumbien; Bischof *Mark MacDonald* aus der Anglikanischen Kirche von Kanada; Pastorin Dr. *Mele'ana Puloka* aus der Freien Wesleyanischen Kirche von Tonga; *Johannes X.*, Patriarch der Griechisch-Orthodoxen Kirche von Antiochien und dem gesamten Morgenland sowie Seine Heiligkeit *Karekin II.*, Oberster Patriarch und Katholikos aller Armenier. Gemäß der Verfassung des ÖRK haben die PräsidentInnen die Aufgabe, die Ökumene zu fördern und die Arbeit des ÖRK in ihre jeweilige Region zu vermitteln. Sie gehören dem Zentralausschuss als dem höchsten Leitungsgremium des ÖRK an, das zwischen den Vollversammlungen alle 12 bis 18 Monate zusammenkommt.

Im Rahmen der Vollversammlung des *Ökumenischen Rates der Kirchen* wurde nach den Präsidenten auch der *Zentralausschuss* neu gewählt. Der Zentralausschuss besteht aus 150 Mitgliedern. Der neu gewählte Ausschuss besteht zu 39 % aus Frauen und zu 61 % aus Männern. 13 % der Delegierten sind Jugendliche, 5 % Indigene, 2 % Menschen mit Behinderung. Das Verhältnis zwischen Ordinierten und Laien ist 68 % zu 32 %. Als VertreterInnen der EKD wurden in den Zentralausschuss gewählt die designierte Auslandsbischöfin **Petra Bosse-Huber**, Landesbischof Dr. **Martin Hein** aus Kassel, Pfarrerin **Anne Heitmann** aus der Badischen Landeskirche, Pfarrerin **Schulamith Kriener** aus der Evangelischen Kirche im Rheinland und **Judith Königsdörfer** von der Evangelischen Kirche in Mitteldeutschland. Aus Deutschland wurde weiterhin der Theologe Prof. Dr. **Fernando Enns** in den Zentralausschuss gewählt.

Als erste Frau und erste Afrikanerin wurde Dr. **Agnes Aboum** (Kenia) zur Vorsitzenden des Zentralausschusses des *Ökumenischen Rates der Kirchen* gewählt. Sie folgt in diesem Amt dem brasilianischen Theologen Dr. *Walter Altmann* nach. Aboum war von 1999 bis 2006 Präsidentin des *Ökumenischen Rates der Kirchen*. Sie gehört der Anglikanischen Kirche in Kenia an und hat in Uppsala/Schweden promoviert. Ihre Arbeitsschwerpunkte sind soziale Gerechtigkeit und Versöhnung. Sie berät religiöse und zivilgesellschaftliche Organisationen in ganz Afrika zu Fragen der Entwicklungszusammenarbeit. Zu Vize-Vorsitzenden des Zentralausschusses wurden Metropolit *Gennadios von Sassima* (Ökumenisches Patriarchat von Konstantinopel) und die methodistische Bischöfin *Mary Ann Swenson* (USA) gewählt.

Mit dem *Hessischen Friedenspreis* 2013 wurden die Nigerianer Imam Dr. **Muhammad Ashafa** (54) und Pastor Dr. **James Wuye** (50) ausgezeichnet. Jeder der beiden gehörte zunächst einer militanten Gruppe der eigenen Religion an: Wuye kämpfte als »Kreuzritter« einer fundamentalistischen militanten christlichen Miliz, Ashafa als »Dschihadist« einer radikalen islamistischen Organisation. Die Sorge um Kinder, die in einer umkämpften Region ohne Hilfsmittel blieben, veranlasste beide dazu, das Gespräch zu suchen. Im Jahr 2001 gründeten sie gemeinsam das *Interfaith Mediation Centre* zur Vermittlung in Krisengebieten. Im Jahr 2005 verhinderte eine entschiedene Aktion der beiden, dass es nach der Publikation der dänischen Mohammed-Karikaturen in Nigeria zu Ausschreitungen kam.

Neuer Direktor des *Evangelisch-Lutherischen Missionswerks in Niedersachsen* (ELM) wird der Gifhorner Superintendent **Michael Thiel** (56). Der Missionsausschuss hat ihn in seiner Sitzung am 11.12.2013 gewählt. Thiel hat in Indien und Malawi Erfahrungen mit der kirchlichen Partnerschaftsarbeit gesammelt und erwartet aus den Partnerschaftsbeziehungen auch Impulse für die hiesigen Kirchen in ökologischer, diakonischer und missionarischer Hinsicht. Er ist derzeit Sprecher der gemäßigt konservativen Gruppe »lebendige Volkskirche« in der Synode der hannoverschen Landeskirche. Michael Thiel ist Nachfolger von *Martina Helmer-Pham Xuan*, die das ELM im September nach zehnjähriger Amtszeit verlassen hat.

Zum neuen Generalsekretär der *Deutschen Bibelgesellschaft* wurde mit Wirkung vom 1.3.2014 Prof. Dr. **Christoph Rösel** (49) berufen. Rösel ist derzeit Professor für Altes Testament und Prorektor an der Evangelischen Hochschule Tabor sowie Privatdozent am Fachbereich Evangelische Theologie der Philipps-Universität Marburg.

Pfarrer Dr. **Matthias Pöhlmann** (50) wird am 1.6.2014 neuer Sektenbeauftragter der *Evangelisch-Lutherischen Kirche in Bayern*. Pöhlmann war von 1999 bis 2011 wissenschaftlicher Referent bei der Evangelischen Zentralstelle für Weltanschauungsfragen und ist seither Gemeindepfarrer in Germering. Er tritt die Nachfolge von Kirchenrat *Wolfgang Behnk* an, der Ende April in den Ruhestand geht.

Prof. Dr. **Stefan Schreiner**, Inhaber des Lehrstuhls für Religionswissenschaft und Judaistik mit dem weiteren Schwerpunkt Islamistik an der Evangelisch-Theologischen Fakultät der Eberhard-Karls-Universität Tübingen, wurde mit Wirkung vom 30.9.2013 emeritiert.

Prof. Dr. **Klaus Koschorke**, Inhaber des Lehrstuhls für Kirchengeschichte und Vorstand des Instituts für Kirchengeschichte an der *Ludwig-Maximilian-Universität München,* wurde am 30.9.2013 emeritiert. Koschorke war seit 2010 *Visiting Research Fellow* am *Andrew F. Walls Centre for the Study of African and Asian Christianity.*

Neue Promotionen und Habilitationen

Dunn, Timothy Paul (Fuller Theological Seminary, Pasadena/California, D.Miss, 2013): »Enhancing the Viability of Brazilian Business as Mission Missionaries«

Gottschlich, Bettina (Fuller Theological Seminary, Pasadena/California, D. Miss, 2013): »Transformational Scripture Engagement among the Budu of Congo-Kinshasa«

Stasson, Anneke (Boston University, Graduate School of Arts and Sciences, Ph.D., 2013): »Love, Sex, and Marriage in the Global Mission of Walter and Ingrid Trobisch«

Twongyeirwe, Julius Danstun (Portland/Oregon, Western Seminary, D. Miss. 2013): »Enhancing Christian Presence with Christian Influence in Uganda: A Quest for Transformative Spirituality«

Tzan, Douglas D. (Boston University, Graduate School of Arts and Sciences, Ph.D., 2013): »›Root Hog or Die‹: William Taylor, Entrepreneurial Self-Sufficiency, and the Global Spread of an American Frontier Christianity«

Geburtstage

65 Jahre: am 12.2.2014 Prof. Dr. **Udo Tworuschka**, emeritierter Lehrstuhlinhaber für Religionswissenschaft an der Universität Jena und u. a. Herausgeber des Standardwerks Handbuch der Religionen.

65 Jahre: am 22.2.2014 Prof. Dr. **Reinhard Henkel**, Religionsgeograph und Entwicklungsforscher an verschiedenen Universitäten im In- und Ausland und Sprecher des Arbeitskreises Religionsgeographie in der Deutschen Gesellschaft für Geographie.

75 Jahre: am 1.2.2014 Prof. Dr. **Erich Geldbach**, emeritierter baptistischer Konfessionskundler und Lehrstuhlinhaber für Ökumene und Konfessionskunde an der Ruhr-Universität Bochum.

85 Jahre: am 1.2.2014 Prof. Dr. **Peter Beyerhaus**, emeritierter Lehrstuhlinhaber für Missionswissenschaft und ökumenische Theologie in Tübingen und Mitbegründer der Lausanner Bewegung für Weltevangelisation (1974).

Todesnachrichten

Karl Sundermeier, früherer Landespropst der deutschen Evangelisch-Lutherischen Kirche in Namibia, ist am 1.12.2013 im Alter von 83 Jahren verstorben. Sundermeier, der nach seinem Theologiestudium zunächst Reisesekretär der *Studentenmission in Deutschland* (SMD) und später Bundeswart des Westbundes des *Christlichen Vereins Junger Menschen* (CVJM) war, hat die Kirche in Namibia, die ab 1842 aus deutschen Einwanderern entstanden war, von 1988 bis zu seinem Ruhestand 1993 geleitet. Als Stadtmissionar der Evangelisch-Methodistischen Kirche im indischen Kandy, wo Sundermeier ab 1971 arbeitete, hat er die missionarische Arbeit eng mit entwicklungspolitischen Projekten verknüpft.

Der Begründer des *Missionsflugdienstes im Pazifik (Pacific Mission Aviation)*, **Edmund Kalau**, ist am 8.1.2014 im Alter von 85 Jahren verstorben. Kalau war von 1954 bis 1975 als Liebenzeller Missionar in der Südsee tätig. Mit dem Kauf eines Flugzeuges, das der besseren Versorgung der Bewohner der Inselgruppe dienen sollte, legte Kalau den Grundstein zum Missionsflugdienst im Pazifik mit heute rund 60 Mitarbeitenden aus Deutschland, den Philippinen und den USA. Der PMA-Unterstützerverein in Deutschland gehört zur *Arbeitsgemeinschaft Evangelikaler Missionen*.

Sonstiges

Der *Ökumenische Rat der Kirchen* (ÖRK) hat im Rahmen seiner zehnten Vollversammlung in Busan vom 30.10. bis 8.11.2013 in Busan/Korea zwei Dokumente zu Mission und Interreligiösem Dialog verabschiedet. Die neue Grundsatzerklärung zur Mission steht unter dem Titel »Gemeinsam für das Leben: Mission und Evangelisation in sich wandelnden Kontexten«. Darin wird erneut ein Schuldbekenntnis abgelegt, das die Verflechtung von Missionsarbeit und Kolonialherrschaft und die damit verbundene Verleumdung von Kulturen und indigener Weisheit bedauert. Außerdem stellt die neue Missionserklärung die negativen Folgen der Globalisierung, Ungerechtigkeit im Welthandel und die Kluft zwischen Arm und Reich in den Mittelpunkt. Die neue Missionserklärung ruft zu einer neuen Bewusstseinskultur auf, die der Habgier das Teilen und die soziale Gerechtigkeit entgegenstellt. Unter dem Titel »Das christliche Zeugnis in einer multireligiösen Welt« hat der ÖRK Empfehlungen für einen Verhaltenskodex veröffentlicht. Diese Empfehlungen wurden gemeinsam mit Vertretern des Vatikans sowie der Weltweiten Evangelischen Allianz erarbeitet; außerdem waren Delegierte verschiedener nicht-christlicher Religionen eingeladen, ihre Positionen zur Frage der Bekehrung zu formulieren. Auf der Grundlage des Bekenntnisses zur Nachfolge Christi und zu Gottes Liebe als den Ausgangspunkten christlichen Zeugnisses empfiehlt das Dokument ChristInnen, ihre eigene religiöse Identität zu vertiefen, mit Angehörigen anderer Religionsgemeinschaften zusammenzuarbeiten und sich in ihren jeweiligen Kontexten für Religionsfreiheit und Gewaltlosigkeit einzusetzen. Außerdem hat die *Gemeinsame Beratungsgruppe des ÖRK und der Pfingstkirchen* einen Bericht vorgelegt. Alle Dokumente sind nachzulesen unter http://wcc2013.info/de/resources/documents/preparatory-documents.

Die *Weltgemeinschaft der Reformierten Kirchen* (WGRK) hat am 12. 1. 2014 ihre neuen Büros in Hannover eröffnet. Ihr Sitz befindet sich im Calvin-Zentrum, Eigentum der Evangelisch-Reformierten Kirche in Deutschland. Grund für die Verlegung der Büros aus Genf nach Hannover waren die hohen Unterhaltskosten in Genf. Anlässlich der Eröffnung der neuen Büros in Hannover unterstrich der Generalsekretär des *Ökumenischen Rates der Kirchen*, Dr. Olav Fykse Tveit, das ökumenische Engagement der WGRK.

Das *Europäische Zentrum für Jüdische Musik* (EZJM) an der *Hochschule für Musik und Theater* in Hannover führt gemeinsam mit der Forschungsstelle *Bet Tfila* für jüdische Architektur in Europa der *Technischen Universität Braunschweig* und der *Hebrew University of Jerusalem* ein mehrjähriges interdisziplinäres Forschungsprojekt über die Wechselwirkung zwischen sakraler Architektur und liturgischer Musik in Kirchen und Synagogen durch. Das Projekt unter dem Titel »Musik, Raum und Liturgie in Sakralbauten von 1800 bis zur Gegenwart: Synagogen und Kirchen« will mit der Untersuchung der Wechselwirkungen zwischen sakraler Architektur und liturgischer Musik in Judentum und Christentum Paradigmen des gegenwärtigen und künftigen Dialogs herausarbeiten. Das Projekt wird von der Hanns-Lilje-Stiftung gefördert.

In der Presbyterianischen Kirche im Libanon gehört die Pastorin *Rola Sleiman* (38) zu den wenigen Frauen, die in einer arabischen Kirche predigen dürfen. Sie hat in Beirut Theologie studiert und wurde vom Kirchenrat ihrer Heimatgemeinde in Tripolis zur Pastorin berufen. Da sie noch nicht ordiniert ist, darf sie die Sakramente noch nicht verwalten. Obwohl die *Vereinigung der Evangelischen Kirchen im Nahen und Mittleren Osten* bereits 2010 die Ordination für Frauen zugelassen hat, ist bisher noch keine Frau ordiniert worden.

Die Synode der *Evangelischen Kirche im Rheinland* (EKiR) diskutierte im Rahmen der Tagung ihrer Synode im Januar 2014 ein neues Grundsatzpapier zur Frage der Mission unter Muslimen. Eine neue Arbeitshilfe zum Verhältnis zwischen Christen und Muslimen steht unter dem Titel »Weggemeinschaft und Zeugnis«. Anders als das Vorgängerpapier mit dem Titel »Dialog und Mission in der Begegnung mit Muslimen« setzt das neue Dokument den Schwerpunkt auf das christliche Zeugnis. Strategische Mission unter Muslimen in Deutschland wird jedoch abgelehnt. Oberkirchenrätin Barbara Rudolph erläuterte, in der Entscheidung werde das Nein der EKiR zur Judenmission im Blick auf den Islam weitergedacht.

Termine

Die diesjährige *Woche der Brüderlichkeit* wird am 9.3.2014 eröffnet. Dabei wird die Buber-Rosenzweig-Medaille an György Konrád verliehen.

Am 15. 3. 2014 findet die *Missionale* im Congress-Centrum der Kölnmesse statt. Veranstalter ist das Amt für Gemeindeentwicklung und Missionarische Dienste der Evangelischen Kirche im Rheinland.

Vom 26. 1. bis 6. 5. 2014 zeigt die *Villa Seligmann* in Hannover die Ausstellung »Synagoge und Tempel. 200 Jahre jüdische Reformbewegung und ihre Architektur«. Die Ausstellung ist eine Kooperation zwischen dem *Europäischen Zentrum für Jüdische Musik* der *Hochschule für Musik und Theater* in Hannover und der Forschungsstelle *Bet Tfila* für jüdische Architektur in Europa der *Technischen Universität Braunschweig* und der *Hebrew University of Jerusalem.* Das Rahmenprogramm mit Vorträgen und Konzerten kann heruntergeladen werden unter http://www.ezjm.hmtm-hannover.de/fileadmin/www.ezjm/Veranstaltungshinweise_2014/ Synagoge_und_Tempel.pdf.

Der zentrale Gottesdienst zur *Gebetswoche für die Einheit der Christen* findet dieses Jahr am 7.6. in Wiesbaden statt.

Vom 13. bis 15.6. 2014 findet in Wetzlar die Tagung »40 Jahre Entwicklungszusammenarbeit mit Burkina Faso« statt. Veranstalter ist der Arbeitskreis *Brot für die Welt – TIKATO*, eine Basisgruppe von *Brot für die Welt*, die seit 1974 Entwicklungszusammenarbeit mit Burkina Faso auf der Grundlage ehrenamtlicher Zusammenarbeit mit der hessischen Kirchengemeinde Naunheim leistet.

(Zusammengestellt am Lehrstuhl für Missionstheologie und Religionswissenschaft der Augustana-Hochschule von Dr. Verena Grüter, Waldstraße 11, D-91564 Neuendettelsau. Bitte senden Sie Informationen und Hinweise an petra-anna-goetz@augustana.de bzw. Fax: 09874/509-555.)

Herausgeberkreis und Schriftleitung

Sekretariat des Herausgeberkreises
Waldstr. 11, D-91564 Neuendettelsau, petra-anna-goetz@augustana.de

Prof. Dr. Ulrich Dehn (Hauptschriftleiter)
FB Evangelische Theologie der Universität Hamburg, Sedanstr. 19, D-20146 Hamburg, ulrich.dehn@uni-hamburg.de

Dr. Verena Grüter (Informationen und Termine) Augustana-Hochschule, Waldstr. 11, D-91564 Neuendettelsau, verena.grueter@augustana.de

Prof. Dr. Klaus Hock (Rezensionen) Theologische Fakultät der Universität Rostock, D-18051 Rostock, klaus.hock@uni-rostock.de

Dr. Katrin Kusmierz (Berichte und Dokumentationen) Theologische Fakultät der Universität Bern, Länggassstr. 51, CH-3012 Bern, katrin.kusmierz@theol.unibe.ch

Dr. Benedict Schubert (Berichte und Dokumentationen) Hebelstrasse 17, CH-4056 Basel, b.schubert@unibas.ch

VerfasserInnen und RezensentInnen

Prof. Dr. Theodor Ahrens, Süntelstr. 85i, D-22457 Hamburg, TheoAhrens@t-online.de

Dr. Michael Biehl, EMW, Normannenweg 17-21, D-20537 Hamburg, Pfr.DrMichael.Biehl@emw-d.de

Prof. Dr. Andrea Fröchtling, FIT, Missionsstr. 3-5, D-29320 Hermannsburg, a.froechtling@fh-hermannsburg.de

Dr. Paul Jenkins, Largitzenstr. 19, CH-4056 Basel, paul.jenkins@gmx.ch

Prof. Dr. Christine Lienemann-Perrin, Manuelstr. 116, CH-3006 Bern, christine.lienemann@unibas.de

Axel Matyba, ZMÖ, Agathe-Lasch-Weg 16, D-22605 Hamburg, a.matyba@nordkirche-weltweit.de

Prof. Dr. Johannes Reimer, Aehlenberg 2, D-51702 Bergneustadt, johannes.reimer@gbfe.org

Dr. Jobst Reller, Georg-Haccius-Str. 41, D-29320 Hermannsburg, jobst.reller@evlka.de

Dr. Gabriele Richter, Institut für Religionswissenschaft und Religionspädagogik, Sportturm, Postfach 330440, D-28334 Bremen, grichter@uni-bremen.de

Dr. Markus Roser, Hauptstr. 32, D-74740 Adelsheim, roser.markus@gmx.net

Prof. Dr. Rudolf von Sinner, Faculdades EST, Cx. Postal 14, BR-93001-970 São Leopoldo/RS, Brasil, r.vonsinner@est.edu.br